インドビジネス第一歩

渥美坂井法律事務所・外国法共同事業
ATSUMISAKAIHOURITSUJIMUSHO GAIKOKUHOUKYOUDOUJIGYOU

一般社団法人 金融財政事情研究会

刊行に寄せて

　過去25年間、インドと日本の関係は、全方位にわたって力強く発展してきました。毎年行われる首脳会議や両国のリーダー間の親密な友好関係は、両国の関係を特徴付けるものの一つであり、両国の経済的な関係は深化しています。今では多くの日本製品がインドの売り場に並び、人気を博しています。

　しかし、両国が経済的、政治的、そして文化的に、より堅固な関係を築くためにはいまだ長い道のりがあります。そのような関係が達成できれば、日本の卓越した製造技術の蓄積と、インドのソフトウェア分野における能力や技術の宝庫という、お互いの競争上の優位性をさらに有効に活用することができるでしょう。近年、日本企業は、インドに対する投資に大きな関心を寄せており、他方、インド側は、アジア諸国をターゲットとする日本の投資家を引き付けようと、投資しやすい環境の整備に取り組んでいます。

　両国の優位性を活用するためには、日本の産業界がインドをより詳しく理解し、インドとの関わりを深めることが必要です。日本人は意思決定に際し、細心の注意を払い、その根拠として、ビジネスに関連するものから関連しないものまで多くの情報を基にして判断を下そうとする傾向があるように思われます。本書は、そのような日本の投資家のニーズに応える有用な書籍です。

　本書では、インドの経済、社会、ビジネス環境そしてガバナンスに関する章が設けられており、どれをとっても参考となるものばかりですが、特に投資家にとって重要となる税制度と法制度については、非常に詳しく説明されています。両分野は、インドの制度の中でも非常に複雑な分野です。インドビジネスに関心を持つあらゆる日本企業、日本のビジネスパーソンの皆様にとって、本書が真に役立つ書籍となることを確信しています。

　インド経営大学院バンガロール校アントレプレナーシップ実務教授
　みずほインド日本研究センター所長
　イスラエルセンター所長
　　JAIDEEP SARKAR（ジャイディープ・サーカー）

はじめに

　BRICsの名称が初めて使用されてから四半世紀が経とうとしています。インドは今や、世界最大の人口、世界第5位のGDPを擁する新興国のリーダーとなっています。

　そのようなインドですが、たびたび、「インド（ビジネス）は難しい」といわれます。本書では、なぜ「インドは難しい」のか、それを乗り越えるための方策は何かを考えました。私たちは、インドの「リアルな姿」を知っていただくことが、一つの鍵になるのではないかと思っています。「インドについて学んだ最初で最も重要なことは、一つのインド（an India）というものは存在せず、存在したことがなかったということである」とは、イギリスの高級官僚John Stracheyによる1903年の著作『India』の一節です。現在は、当時よりも一層、インド社会は多様化しています。インドの多様な「顔」を捉える必要があることは今も昔も変わっていません。

　このような問題意識の下、私たちはインドのリアルな姿をお伝えすることを目指して、本書を執筆しました。法務以外の事項にも相応の分量を割いていますが、様々な要因を踏まえてインドビジネスを行うことが極めて重要であり、また、一見複雑に見える法制度や法令も、それらの要因に起因しているものであるため、丁寧に記述しました。

　本書の執筆に当たり、インド現地の法律事務所と公認会計士の助力を得ました。「片手で拍手はできない」というインドの古いことわざがあるように、日本とインドの専門家の協働作業によってしか、インドのリアルな姿を日本の読者の皆様に伝えることはできないと考えているからです。

　本書が、インドビジネスに関心を持つ全ての方々にとって役立つものとなり、皆様のこれからのインドビジネスの成功の一助となることを切に願っています。

2024年9月　　　　　　　　　　　　　　　　　　著者一同

● 目 次

序　章　本書の目的──「多様性の中の統一」という視角から

1　複数の小皿からなる「ターリー」 2
2　本書の目的 2

第1章　インドへの誘い
──インドの地理、気候、人口、民族、歴史の概観

1　地理、気候 8
2　人口、民族 10
3　歴　史 11
4　州ごとの格差 14
5　州、都市 15

第2章　インドビジネスへのまなざし
──インドビジネスの現在

1　市場の求心力 18
2　経済の急成長 18
3　経済成長の特徴 22
4　ビジネス環境整備 22

第3章　インドビジネスを検討する

1　統治体制が及ぼす影響 28
2　文化的側面が及ぼす影響 33
3　ビジネスにおいて直面する課題 39

● 目　次

第4章　インドビジネスに関する法務

1　大陸法とコモン・ロー ……………………………………… 56
2　インドにおける主な法令・法制度 ………………………… 58

第5章　インドビジネスに関する課税

1　直　接　税 …………………………………………………… 116
2　間　接　税 …………………………………………………… 126

第6章　ビジネスを支えるその他の知識

1　インド人との交渉 …………………………………………… 134
2　駐在生活における留意点 …………………………………… 143
3　駐在するために必要となる手続 …………………………… 150

第7章　トラブルに対処する

1　インドの司法制度 …………………………………………… 156
2　インドにおける紛争解決手段 ……………………………… 156
3　撤退戦略の検討 ……………………………………………… 168
4　現地完全子会社を設立していた場合の撤退戦略 ………… 168
5　インド企業と合弁会社を設立していた場合の撤退戦略 ……………………………………………………………… 170
6　法人格を有さない事業所の清算 …………………………… 174

第8章　インドビジネスの時代

1 「自立したインド」 ……………………………………… 178
2 インドビジネスの展望 …………………………………… 179
3 インド社会が抱える課題（日本企業にとってのビジネスチャンス） ………………………………………… 181

第9章　インドで成功するために

1 ジュガードの6原則 ……………………………………… 186
2 成功のためのエッセンス ………………………………… 188

著者略歴 ……………………………………………………………… 195

序　章

本書の目的
―― 「多様性の中の統一」という視角から

1 複数の小皿からなる「ターリー」

「喧噪の国」「人間の森」「旅人の聖地」……。インドと聞いて、何を連想されるでしょうか。灼熱の太陽と滲み出る汗と人の洪水を思い起こす方も多いことと思います。しかし、これらはインドの一つの側面にすぎません。

インドの定番料理の一つに「ターリー」があります（[**図表序－1**]）。銀の円形の大皿に、複数のカレーや惣菜等が小皿に盛られて置かれているのをご覧になったことがあるでしょう。いろいろな料理の小皿が合わさって、はじめて「ターリー」という一つの料理になります。インドという国もこれと同じです。多様な地理・気候・風土によって育まれた様々な文化、慣習そして人々の生き方が合わさって、インドという一つの国が構成されています。

私たちは、インドでビジネスを成功させるためには、インドの多様性を認識し理解することが一つの鍵になると考えています。しばしば「インド（ビジネス）は難しい」といわれますし、確かにそのとおりかもしれません。しかし、そのように感じる原因の一つには、インドの多様性を捉え損ねていることにあるようにも思います。

2 本書の目的

本書の著者は、インドと日本における弁護士および公認会計

[図表序-1] ターリー

出所：著者撮影

士であり、日本企業によるインドでのビジネス、インドとのビジネスをサポートしています。日々の業務の過程で、インドに関係するビジネスをされている日本企業の方々と日常的に接する中で感じていることをベースにして、本書を執筆しました。まず本書では、日本企業の方々にインドをよりよく理解していただけるよう、インドの本質（と私たちが考えるもの）と多様性を様々な角度から述べていきます。また、インドビジネスを行うために必須な知識として、インドの法制度や税制度の基本についても解説します。お読みになっていただくと、法制度や税制度もインドの多様性と歴史的伝統の上に成り立っていることを、改めてご理解いただけると思います。一見複雑に見える法制度や税制度も、多様性に富むインドで多様な人々が共存していくための一つの仕掛けとなっているということがしばしばあるのです。

インドの多様性とは、インドの奥深さであり、それがインド

[図表序-2] インドの行政地図

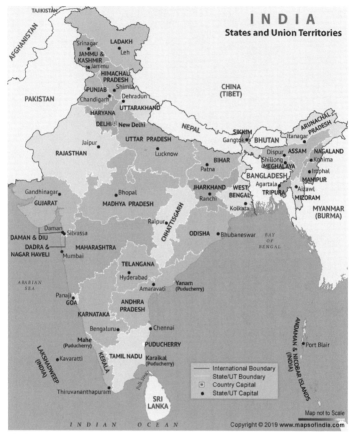

出所：https://www.mapsofindia.com "New Political Map of India"

の、インドの人々の、そしてインドビジネスの大きな魅力です。本書を「ガイドブック」として、日本のビジネスパーソンの皆様がインドに対する理解をより深めていただき、自信を持ってインドビジネスという大海原を航海していただけることを心より願っております（[図表序-2]）[1]。

《注》
1　本書は2024年8月末日時点の情報を基に執筆しています。本文でも述べるとおり、インドにおける変化のスピードは速いため、インドビジネスを行われるに当たっては、その時点の最新の情報を確認するようにしてください。

第1章

インドへの誘い
――インドの地理、気候、人口、民族、
　歴史の概観

ある国のビジネスを知るには、その国の人々や文化を知る必要があります。そこで本章ではまず、インドの地理や気候、人口、民族、そして歴史を概観することから始めます。

1 地理、気候

(1) 国　土

 インドが大きい国であることは誰もが漠然とご存じと思います。では、実際にどれくらい大きいのでしょうか。インドの国土面積は世界で第7番目の大きさで、328万7,263平方キロメートルです。日本の国土面積が37万7,974平方キロメートルですので、インドは日本の約8.7倍に当たります。

 インドの国土のうち、北部と東部の大部分は肥沃なヒンドゥスターン平野で占められており、南部はデカン高原がその大部分を占めています。西部の北側は、岩と砂の混じった砂漠からなるタール砂漠が広がり、他方、ムンバイから海岸沿いに南下した西部の南側一帯は、鉄を豊富に含む赤土が特徴となっています。また、インドの東と北東の国境には、ヒマラヤ山脈が連なっており、最高地点の標高は8,611メートルです。この地方は、ご存じのとおり紛争が続いているカシミール地方です（[**図表1－1**]）。

(2) 気　候

 このような広大で多様な国土ゆえに、インドの気候は、南部

[図表1-1] インドの地形

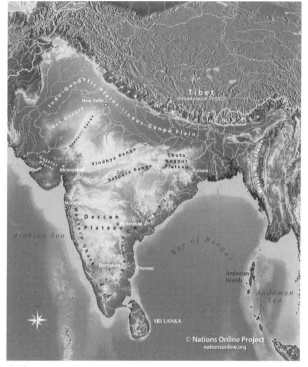

出所:Nations Online Project "Political Map of India with States"

の赤道気候から、北部のヒマラヤ山脈高地のツンドラ気候まで幅広いものとなっています。多くの地域では熱帯雨林が広がり、夏季には高温炉のような酷暑となり、雨季にはモンスーンによる豪雨に襲われます。他方、北部では、冬の最低平均気温が5度程度になる都市も散見されます。

2 人口、民族

(1) 人　　口

　インドの都市に赴くと、まず最初に驚くことは人の多さでしょう。2022年までは世界で一番人口の多い国は中国で、インドは世界第2位とされていましたが、UNFPA（国連人口基金）が発表した「世界人口白書2023」では、2023年にインドは中国を抜いて世界最大の人口となったと報告されました。インドのマーケットとしての魅力は世界最大の人口にとどまりません。2020年の統計では、インド人の年齢の中央値は28.7歳であり、中国（38.4歳）や日本（48.6歳）よりも随分若くなっています。また、最新の「世界人口白書2024」によれば、インドにおける全人口に占める10歳から24歳までの若年人口の割合は26％であり、中国（18％）よりも8％高く、日本（13％）の2倍となっています。この若いパワーは、インドの活力と経済成長の源となっています。もっとも、インドでも、子どもの人口は10年以上前に既にピークを迎えており、現在は減少傾向にあります。今後、インドの人口増加率は鈍化していくことが予想されています。

(2) 民　　族

　インドは多民族国家であり、国内にはアーリア人やドラヴィダ人、モンゴロイド人をはじめ、約2,000程度の民族が存在す

るといわれています。インドでは約100万人が英国系インド人であり、さらに70万人の米国市民がインドで生活しており、双方を併せるとインドの全人口の0.1％以上を占めています。

　また、インドは多言語国家でもあります。インドには四つの主要語族（インド・アーリア語族、ドラヴィダ語族、オーストロアジア語族、シナ・チベット語族）が存在し、第3章の2で述べるとおり、インド国内では、母語として1万9,500以上の言語が話されています。

3　歴　史

(1) 古代から中世、近世まで

　インドは、紀元前2600年頃のインダス文明に始まる長い歴史を有しています。この歴史は、以上で述べてきたインドの地理や気候に深く根ざしています。インドの生活や文化、人々の考え方は歴史を抜きにして語ることはできないため、ここでは少し歴史について触れたいと思います。

　考古学の研究により、紀元前2600年頃から紀元前2000年頃までにかけて、インド亜大陸の北西部には、高度に洗練された都市文明であるインダス文明が栄えていたことが知られています。理由は不明ですが、インダス文明は紀元前1500年頃に消滅しました。インダス文明の時代から、既にインドの大地は、政治的・文化的舞台の地盤を有しており、主にヒンドゥー教と結び付いた独自の伝統を生み出してきました。また、現在ではそ

の存在感はかなり小さくなっていますが、ヒンドゥー教以外の宗教（特に、仏教やジャイナ教）もインドを発祥の地としています。さらに、インド亜大陸においては、何世紀にもわたって、数学、天文学、建築学、文学、音楽、美術などの分野で、豊かで知的な生活が繰り広げられてきました。

　インドは、その歴史を通じて、北部の山壁の向こう側から断続的に侵略を受けてきました。特に重要であったのは、8世紀初頭に北西部からアラブ人、トルコ人、ペルシア人といった侵略者たちによってもたらされたイスラム教の到来です。その後、1498年にポルトガルの航海士ヴァスコ・ダ・ガマが来航したことを契機に、ヨーロッパがインド近海の海上支配権を確立するようになりました。こうして、インドは、北部の山岳部のみならず、海から伝来する強大な外的影響にもさらされるようになったのです。

　16世紀に建国されたムガル帝国は北インドの大部分を支配しましたが、18世紀にインド亜大陸の大部分を支配するようになったマラーター王国（マラーター同盟）によって衰退します。マラーター王国は、1757年までに北部の旧ムガル帝国の版図の大部分（すなわち、インド亜大陸の約3分の1）を支配しました。1818年、マラーター王国は英国（イギリス東インド会社）との戦争（第三次マラーター戦争）に敗北し、その支配が終焉を迎え、それに代わって、インド亜大陸は英国によって統治されることとなりました。

(2) 近代から現代まで

19世紀、インドでは、英国の植民地として、中央集権的な官僚制度が確立され、西洋式の教育が導入されました。また、鉄道や電信線などのインフラの拡充が進み、インドの近代化が進展しました。しかし、英国の主たる目的は、植民地市場を作ることにあり、インドから英国へ大量の富が流出することになりました。ムガル帝国のムガル人の場合とは異なり、英国人はインド人と完全に融合することはなく、分割統治政策を採用したため、インド内のコミュニティ間に緊張がもたらされることになりました。

19世紀後半、英国の支配に対する不満を背景にインド独立運動が勃興し始めました。英国による植民地支配に対する非暴力の抵抗でインドを導いたマハトマ・ガンディーは、何百万人ものインド人の支持を得て、市民による不服従運動を展開しました。その結果、1947年にインドは英国からの独立を果たしました。

英国からの独立後、「多様性の中の統一」を掲げてインドの指導者となったジャワハルラール・ネルー首相は、計画的な経済発展と産業化に焦点を当てた政策を実行し、急速な経済成長と社会の変化をもたらしました。しかし、社会主義的な国家統制を重視した結果、非効率性の弊害が現れるようになり、特定の分野では進歩の遅れが見られるようになりました。また、英国からの独立に際して分離・独立していたパキスタンとの間で、幾度もの戦争やカシミール地方をめぐる領域紛争など、対

立と緊張が続きました。さらに、インド国内においても、政情不安、頻繁な政権交代、地域・宗教・カーストに基づく政治の台頭を経験することとなりました。

　1990年代になると、ナラシンハ・ラーオ首相とその財務大臣であったマンモハン・シンが経済自由化政策を導入し、これによって著しい経済成長と外国投資の増加がもたらされることとなりました。この時期には、中流階級が拡大し、多くのインド人の生活水準が顕著に向上しました。

　21世紀になってからもインドは経済的・政治的に発展を続け、米国と中国の間の対立や、西側諸国とロシアの対立が深まる中で、「第三極」「グローバルサウス」のリーダーとして国際社会に対して大きな影響力を及ぼすに至っています。また、テクノロジーや宇宙開発、再生可能エネルギーなどの先端的な分野で大きな進歩を遂げています。他方、インド国内では、依然として、貧困や不平等・格差の問題や、コミュニティ間の緊張といった取り組むべき課題が多数残されています。

4　州ごとの格差

　1980年代以降のインド経済の成長は、一部の州に集中しており、マハーラーシュトラ州、タミル・ナドゥ州、カルナータカ州、グジャラート州の各GDPの総和がインド全体のGDPの約半分を占めているという状況でした。1980年から2014年までのインドの経済成長の軌跡を振り返ると、デリー州、グジャラート州、マハーラーシュトラ州、ハリヤナ州、タミル・ナドゥ州

といった州が経済成長の原動力であったのに対し、ビハール州、マディヤ・プラデシュ州、ウッタル・プラデシュ州、ラジャスタン州、オディシャ州といった州は出遅れていたことが分かります。

　最も豊かな州と最も貧しい州との間の１人当たりの国民所得の格差は、数十年にわたって拡大し続けています。このような州間の経済的格差を是正しなければ、州相互間の深刻な政治的分裂に発展しかねません。インドの国全体として「均衡のとれた成長」を促進することが、現在のインドが直面する大きな課題となっています。

5　州、都市

　インドは、後述するとおり、連邦制を採用しており（第３章の１）、28の州（State）と八つの連邦直轄領（Union Territory）に分かれています。一般的に、政治的区分は、地理的な変遷ではなく、言語的・民族的な境界に従ったものとなっています。

　インドの都市は、人口をはじめとした様々な要素を考慮して、Tier１からTier３までのいずれかに分類されています。最も発展している都市がTier１で、Tier１ほどには発展していない都市がTier２、さらに発展が遅れている都市がTier３です。インド政府は、この分類に沿って、税金の徴収や地方自治体の職員給与の決定、様々な社会的・経済的スキームの実施を行っています。

　現在Tier１に分類されているのは、以下の八つの都市となっ

[図表1-2] Tier1の都市

Tier1の都市	所在している州
ベンガルール（旧称バンガロール）	カルナータカ州
チェンナイ（旧称マドラス）	タミル・ナドゥ州
デリー	デリー連邦直轄領
ハイデラバード	テランガーナ州
コルカタ（旧称カルカッタ）	西ベンガル州
ムンバイ（旧称ボンベイ）	マハーラーシュトラ州
アーメダバード	グジャラート州
プネー	マハーラーシュトラ州

出所：著者作成（以下、特に断りがない場合は同様）

ています（[図表1-2]）。

　Tier2の都市は全国に97あり、その他の都市はTier3に分類されています。このような分類は行政上のものでありますが、民間企業がビジネス戦略を立案する上でも大いに参考になる指標です。

第2章

インドビジネスへのまなざし
―― インドビジネスの現在

1 市場の求心力

　インドが世界で最も魅力的な市場の一つであることに異論はないでしょう。14億人以上の人口を擁するインドは、巨大な消費者基盤と豊富な労働力を背景に、あらゆる分野で市場の可能性を秘めています。インドの「人口ボーナス」と中間層の拡大は、経済成長と購買力に直結します。これに加えて、インド政府によるビジネス環境整備の取組みと外国投資の増加によって、インドは今や不動の戦略的投資先となっています（[**図表2-1**]）。

2 経済の急成長

　インドでは、英国からの独立後、市場経済と計画経済の混合システムである混合経済体制の下で、3.5％前後の経済成長が続きました。その後、国内外の環境変化を受けて、1991年に国民会議派のナラシンハ・ラーオ政権が誕生して経済自由化を導入して以降、経済は急成長を示すようになり、2000年代になってからは7％前後の高い経済成長を実現しました。

　2014年に発足した第一次ナレンドラ・モディ政権の下で、さらに幅広い取組みが進められ、7％を超える高い経済成長が続きました。モディ首相は、首相就任前はグジャラート州首相の任にあり、州首相在任中（2001年10月から2014年5月まで）、同州でインフラ整備、ガバナンス、投資への補助金・助成金を柱

[図表2-1] 数字で見る日本とインド

項目	インド	日本
人口（2024年）	14.4億人	1.23億人
人口増加率（2023年）	年0.8%	年−0.5%
平均寿命（2024年）	男性71歳 女性74歳	男性82歳 女性88歳
GDP（2023年）	3.55兆米ドル	4.21兆米ドル
1人当たりGDP（2023年）	2,484.8米ドル	33,834.4米ドル
GDP成長率（2023年）	年7.6%	年1.9%
海外直接投資の純流入額（対GDP比）（2022年）	1.5%	1.2%
消費者物価上昇率（2023年）	年5.6%	年3.3%
完全失業率（全労働力に占める割合）（ILO基準）（2023年）	4.2%	2.6%
識字率（15歳以上）（2022年）	76%	No data
都市人口（全人口に占める割合）（2023年）	36%	92%
電気へのアクセス率（2022年）	99.2%	100%
安全な衛生サービスを利用できる割合（全人口に占める割合）（2022年）	52%	99%
インターネット利用率（全人口に占める割合）（2021年）	46%	83%
携帯電話加入率（2022年）	81%	168%

出所：世界銀行 "World Bank Open Data" 及び国連人口基金「世界人口白書2024」を基に著者作成

とした新自由主義的政策を推進することによって、年間9.7%のGDP実質成長率という驚異的な成長を実現しました。モ

ディ首相は、連邦政府の首相に就任すると、この「グジャラート・モデル」をベースにして「メイク・イン・インディア(Make in India)」イニシアティブを提唱するなど、経済成長への力強いコミットを宣言しました。第一次モディ政権下の2014年度から2018年度にかけて、インドでは6％から8％の高い経済成長率が続きました。

　その後、第一次モディ政権の5年目以降は、経済成長に陰りが見え始めましたが、2019年に総選挙に勝利して発足した第二次モディ政権は、2020年5月に、インド全体のGDPの約10％に相当する総額20兆ルピー（約34兆円）規模の経済対策パッケージ「Atmanirbhar Bharat」(self-reliant India（「自立したインド」))を打ち出しました。

　新型コロナウイルスによる2020年3月から同年6月までの全国ロックダウンにより、インド経済は大きな打撃を受けましたが、すぐに回復基調を示し、2022〜2023会計年度のインドのGDP成長率は7.2％にまで回復しました（**[図表2－2]**）。インドの2023年のGDPは3兆7,300億ドルに達し、近い将来、5兆ドルの目標を達成すると予想されています。若くダイナミックな労働力、拡大する消費者層、盛んな起業家精神とそれを支える政府のバックアップ体制といった要因が、この成長を後押ししています。一方で、2024年6月4日に開票された下院総選挙では、モディ首相が率いるインド人民党（BJP）は与党第1党にとどまったものの、前回の総選挙時に比べて議席数を大きく減らして過半数を割り込みました。今後連立を余儀なくされるモディ政権の舵取りがインド経済の成長にどのような影響を与

[図表2-2] インドの実質GDP成長率

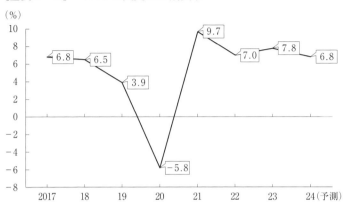

出所：IMF "World Economic Outlook (April 2024) - Real GDP growth" より作成

えるのか、注視していく必要があります。

　これまで驚異的な経済成長を遂げてきた「世界の工場」である中国の成長に陰りが見えてきたことに加えて、米中関係の悪化といった地政学的リスクが顕在化したことによって、近時は、外国投資の投資先が中国からインドへシフトする動きが加速しつつあります。このような背景もあり、IMF（国際通貨基金）の報告書「世界経済見通し」（2024年4月）によれば、インドは、これからも年6％超の成長を続け、2025年には日本を、2027年にはドイツを抜いて世界第3位の経済大国になることが見込まれるとされています。

3　経済成長の特徴

インドの経済成長の特徴としては、以下の二つを挙げることができます。

一つ目は、サービス部門主導型の経済発展であったことです。日本を含む東アジア諸国が輸出のための労働集約型の製造業を成長の駆動力として経済成長してきたのとは対照的です。典型的には、経済発展するにつれて、農業から工業、そしてサービス業へと順に移行していきますが、インドの場合には農業からサービス業への「リープフロッグ（蛙飛び）現象」が見られます。サービス部門の中でも特に、情報技術（IT）や通信、銀行、保険といった業種が主力となっています。その半面、他の産業への波及力が大きい製造業が占める割合は、限定的なものにとどまってきました。

二つ目の特徴として、輸出主導型ではなく、内需牽引型の経済成長である点を挙げることができます。インドでは、巨大な人口を背景に、国内市場における需要の拡大を駆動力にして経済成長がなされてきました。

4　ビジネス環境整備

インド政府が経済改革、インフラ整備、ビジネスのしやすさの向上のための取組みに注力したことも、インドの目覚ましい経済成長の大きな要因となっています。また、インドは「世界

最大の民主主義国」ともいわれるとおり、英国から独立して以降は、クーデターによる政権交代が起きていません。このような政治的安定性も、外国投資家にとって魅力的なビジネス環境を提供するものとなっています。

(1) ビジネスのしやすさ

近年、インド政府は、ビジネスのしやすさを改善するために様々な施策を実施してきました。物品・サービス税（GST）の導入、会社登録手続の簡素化、政府サービスのデジタル化（「デジタル・インディア」）、スタートアップ支援（「スタートアップ・インディア」）など、モディ政権の強力なリーダーシップの下での国を挙げた取組みにより、業務が合理化され、官僚主義的な弊害は大きく除去されつつあります。また、シング

［図表2－3］ 世界銀行によるビジネス環境指数ランキングの推移

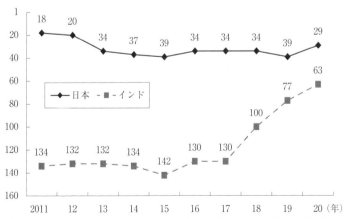

出所：World BankのDoing Business projectによるEase of Doing Business rank（2021年9月に廃止）

ル・ウィンドウ・システムによって事業設立の承認が迅速化されたり、多くの産業分野で完全な自由化（外国直接投資に対する100％の市場開放）が認められてきていますし、「メイク・イン・インディア」の下での「生産連動型インセンティブ・スキーム（PLIスキーム）」の導入によって製造業への投資が促進されています。これらの施策・取組みによって、ビジネスの成長を後押しするエコシステムが構築され、それが国内外の投資家を引き付ける誘因となっています（[**図表 2 － 3**]）。

(2) ビジネス環境整備に向けた州の間での競争

　ビジネス環境整備は中央政府の施策によるものだけではありません。インドの各州もまた、ビジネスに適した環境を創出するために州の間で競争を繰り広げています。カルナータカ州や

[図表 2 － 4] ビジネスのしやすさランキング

	2015年	2017年	2019年
1 位	グジャラート州	アンドラ・プラデシュ州	
2 位	アンドラ・プラデシュ州	テランガーナ州	ウッタル・プラデシュ州
3 位	ジャールカンド州	ハリヤナ州	テランガーナ州
4 位	チャッティースガル州	ジャールカンド州	マディヤ・プラデシュ州
5 位	マディヤ・プラデシュ州	グジャラート州	ジャールカンド州

出所：Reserve Bank of India "Handbook of Statistics on Indian States (2022-23)", Table 145：State-wise Ease of Doing Business Rankより作成

マハーラーシュトラ州などは、投資家に有利な政策を実施し、手続を簡素化し、インフラを整備することによって、現に投資の誘致に成功しています。

　州の間での健全な競争を促すためのものとして、ビジネス改革アクションプラン（BRAP）における指数の実施実績に基づいて州を評価するシステムが導入されています。この実績評価（[**図表2−4**]）で上位にランクインした州の中では、アンドラ・プラデシュ州が起業、建設許可取得、不動産登記手続の簡素化で際立っています。テランガーナ州は、起業のしやすさの分野で優れていますし、グジャラート州は、積極的な政策と強固なインフラを特徴としています。都市のレベルでは、「インドのシリコンバレー」とも呼ばれるベンガルールはスタートアップ・エコシステムで著名ですし、IT産業で知られるハイデラバードは目覚ましい発展を遂げています。また、ムンバイはアクセスの良さと強力な商業インフラを備えた重要なビジネスハブであり続けています。

第 3 章

インドビジネスを検討する

1 統治体制が及ぼす影響

インドビジネスを行う上で、インドの統治体制を理解しておくことが重要です。インドでは、憲法において連邦と州の二層制の統治体制が定められています。

(1) 憲法の概要

インドにおける最高法規であるインド憲法は、国内統治の基本構造として、デリーの中央政府と28の州政府が有するそれぞれの権限と責任を定めています。

インド憲法は、世界で最も長い成文憲法であるといわれており、統治体制の包括的な枠組みを規定する広範かつ詳細な文書となっています。その構成は、理念と目的、基本原則を述べる前文に続いて、22の編の下、395の条文と12の附則からなり、条文数は日本の憲法の約4倍です。インド憲法は、約3年間の起草プロセスを経て、1949年11月26日にインドの憲法制定議会で採択され、1950年1月26日に施行されました。そのため、インドでは毎年、1月26日は共和国記念日として祝祭日となっています。

インド憲法では、民主主義社会におけるインドの政治体制と、権力者による権力の濫用に対するコントロールが規定されています。また、忘れてはならないものとして、少数派の権利を多数派から保護する権利保障を含むものともなっていることも重要です。

⑵ 憲法に基づく権力の分配

　インドビジネスを考える上で特に意識すべきなのは、インド憲法の重要な概念である「権力の分配」という考え方です。この考え方は、①「連邦と州との間」の権力分配と②「立法・行政・司法の三権の間」の権力分配に現れています。

a 「連邦と州との間」の権力分配（連邦主義）

　インド憲法では、連邦（中央政府）と州のそれぞれについて立法権限と責任が定められています。具体的には、憲法の第7附則において連邦と州のそれぞれの権限と責任の分担が定められており、①中央政府が独占的な管轄権を有する事項のリスト（ユニオンリスト）、②州政府が独占的な管轄権を有する事項のリスト（ステイトリスト）、③中央政府と州政府の双方が管轄権を有する事項のリスト（コンカレントリスト）という三つのリストが定められています（[**図表3 - 1**]）。

　このように連邦と州の間で権限と責任を分配することにより、立法面や統治面において権力の監視と抑制を通じた均衡が実現・維持されることが意図されています。

b 「立法・行政・司法の三権の間」の権力分配（三権分立）

　インドの政府は、立法・行政・司法という三つの部門から成り立っており、立法府は法律を制定し、行政府はその法律を執行し、司法府は憲法が定める範囲内で法律を解釈・適用して紛争を解決するという権能が、それぞれ与えられています。全て

[図表3-1] 立法管轄権のリスト

リスト	内容		具体例
ユニオンリスト	中央政府が独占的な管轄権を有する事項のリスト	法人	2013年会社法
		外交	1947年国際連合(安全保障理事会)法 1967年旅券法
		軍事・防衛	1950年陸軍法 1950年空軍法
		鉄道	1989年鉄道法
		銀行	1949年銀行規制法
		通信	2023年電気通信法
		関税	1962年関税法
		所得税	1961年所得税法
ステイトリスト	州政府が独占的な管轄権を有する事項のリスト	警察	1951年マハーラーシュトラ州警察法 2013年タミル・ナドゥ州警察(改革)法
		医療	2022年ラジャスタン州健康権利法 1939年タミル・ナドゥ州公衆衛生法
		土地	1986年タミル・ナドゥ州土地改革(土地の上限設定)法 1887年パンジャブ州土地収益法
コンカレントリスト(注)	中央政府と州政府の双方が管轄権を有する事項のリスト	労働	労働組合法 最低賃金法
		森林	森林法

注:州法の内容と連邦法の内容とが矛盾する場合、一般には連邦法の内容が優先します。ただし、連邦の大統領の同意を得たときは連邦法が優先するとされています。

の法律の中のごく一部ですが、主要な法律は本書でも取り上げて説明します。また、司法制度にもインドの特徴がありますので、これについても本書で説明しています。

(3) 権力の分配がビジネスに与える影響

インド憲法が定める統治体制の基本をなす権力の分配（特に、中央政府と州との間の権力の分配）は、インドビジネスに大きな影響を与えます。以下では、その例として、労働関連法と印紙税を取り上げます。

a 労働関連法

労働関連法（労働条件や賃金、社会保障、労働争議などについて定める法令）については、連邦議会と州議会の双方が立法権限を有します（コンカレントリスト）。そのため、インドにおける労働関連法は、100以上の州法と40以上の連邦法の組合せからなるものとなる、非常に複雑なものとなっています。

州は、自らの州における労働関連事項につき、原則として連邦法の内容と矛盾しない範囲で法令（州法）を制定することが認められています。そのため、最低賃金、許認可の手続、休日、労使紛争の解決、労働安全衛生などの事項についての定めは、各州法において定められている結果、州によって大きく異なるものとなっています。したがって、事業者が複数の州にまたがって事業を展開しようとする場合には、連邦法はもとより、関係する全ての州の労働関連法令を確認し遵守する必要があります。

このような状況を改善するために、中央政府は、①賃金、②労働安全衛生、③労使関係、④社会保障に関する既存の29の労働関連の連邦法を統合して四つの労働法に整理することとしました。2020年9月、そのための改正法案が連邦議会で成立しています。現時点では、2019年賃金法と2020年社会保障法のうちの一部の条項のみが施行されており、その他は未施行となっていますが、これらの全てが施行されれば労働関連法令のコンプライアンスが簡素化されることが期待されています。

　b　印紙税

　印紙税は、権利や責任の発生、譲渡、制限、拡張、消滅又は記録に関する文書に対して課せられる税金です。印紙税の課税については、連邦議会と州議会の双方に立法権限が認められています（[図表3－2]）。

　連邦政府が印紙税について規定する連邦法としては、1899年印紙税法があります。同法は、ユニオンリストに記載された特定の文書（為替手形、小切手、約束手形など）に関する印紙税率を定めています。

　他方、各州は、自州に特有の事情に応じて独自の地方印紙税

[図表3－2]　印紙税の概要

課税権者	対象となる文書
連邦政府	ユニオンリストに記載された文書（為替手形、小切手、約束手形など）
州政府	ユニオンリストに記載された文書以外の文書

法を制定し、また、ユニオンリストに記載されていない文書について課税する権限が認められています。そのため、同じ文書であっても州によって印紙税率が異なることが生じます。なお、上記のとおり、ユニオンリストに記載されている一定の文書に対しては連邦政府による印紙税が課されますが、その徴収は州政府によって行われます。

2 文化的側面が及ぼす影響

　本節では、文化面におけるインド人の一般的特徴を概観します。文化的な特徴は地域差や個人差が大きいため、ここで述べることが全ての人にそのまま当てはまるわけではありません。以下で挙げている事柄はあくまでも一般的な傾向を説明するものとご理解ください。

(1) 個人的な人間関係

　インド人は一般的に、家族や社会における個人的な関係や絆をとても大切にします。初対面であっても自分の家や家族のことについてよく話します。

　このため、インドでビジネスを成功させるためには、同僚や顧客、ビジネスパートナーとの間で人間関係を築くことが不可欠です。日本では、ビジネスの場面では、挨拶を交わした後は天気の話をするなどして、個人的な領域の話にはあまり踏み込みませんが、インドでは、ビジネスの場でも、個人的な話や家族の話題を尋ねるといったことが頻繁に行われます。個人的な

事柄や家族の話題を共有し、ときにはお互いに助け合う等のささやかな行動がその後のビジネスで大きな違いを生むことにつながることがあるため、ランチやディナー、チャイを飲みに出かけたり、あるいは職場で雑談したりすることも、重要なコミュニケーションの一環と認識されています。インド人はおしゃべり好き（で仕事中もよく立ち話をしている）、というイメージもありますが、単におしゃべりが好きなだけではなく、お互いの関係性を築くための潤滑油として重視されているという側面もあるのです。

(2) インド人と英語

　他者との関係性を築く上で重要となるのが言語ですので、ここで英語の問題について触れておきたいと思います。多くのインド人は、幼少期から英語で教育を受けているため、インド人にとって英語はネイティブ言語に近いですが、母語ではありません。そのため、英語の話し方やアクセント、トーンはインドの各地域によって大きく異なります。インド人同士の間でさえ、出身地域を異にするインド人が話す英語を理解することに難儀することも往々にしてあるようです。それにもかかわらず、インド人はお互いを理解するためにたくさん話し、コミュニケーションを取ろうとします。口に出して自分のことを相手に伝え、お互いを理解しようと努めることを重視していることが分かります。これは、多民族・多言語国家であるインドで生き抜くために育まれてきた生きる術の一つといえるでしょう。

(3) 専門家の活用

インドでは、専門分野は専門家に任せるのが一般的であるため、ビジネスをする上では、各分野の専門家の助けを借りることが重要です。例えば、法務や税務、会計といった問題については、現地の専門家を起用することを強くお勧めします。商談や公的機関への申請、紛争事の交渉などを行う上で、現地で受け入れられている書式や方法を用いることが重要であるからです。書式や方法は地域によって異なるため、それに精通している現地の専門家の起用が必要となります。また、個別の専門領域、例えば法務の分野においても専門分化が進んでおり、会社法、金融法、キャピタル・マーケットといった様々な法分野を扱う専門家が存在しています。税務でも、直接税（所得税）を扱う専門家と間接税（消費税やGST）を扱う専門家がいるというように専門化が進んでいます。

(4) ローカルリソースの利用

インドでビジネスをする上では現地のリソースを最大限活用することが重要です。インドの取引先との商談やインド人従業員の管理を行う場合には、現地の言葉や方法、しきたりで行うことが最も効果的です。インドで成功している米国やヨーロッパの企業を見てみると、インドでの事業運営は取締役から下級管理職クラスまでインド人によって担われていることに気付きます。インドでビジネスをする場合、インドの取引先やインド人従業員との応対に当たっては、日本人だけで行うよりも、現

地のビジネス文化を理解しているインド人の管理職を通じて行う方が良い場合が多いようです。つまり、管理しつつも分散化された事業運営が、インドでの成功の鍵であると考えられます。

(5) **交渉におけるアプローチ**

インドのような新興国では、急速な経済発展のため、絶えず状況が変化しています。そのため、インドでは、交渉や協議の場でも、まず全体的な枠組みを検討し、詳細や手続の問題は後回しにするというアプローチが好まれる傾向にあります。それによって、絶えず変化する状況に柔軟に対応することができます。また、状況の変化に合わせて新たな問題点が追加されていくことも珍しくありません。インド人との交渉に関しては、第6章の1で詳しく述べていますので、ご参照ください。

(6) **時間の感覚**

インドでも時間の遵守は大切ですが、その重要性を強調しすぎるのはインド式ではありません。インドでは、事前に予定を立てていても常に予想外の何かが起こります。したがって、約束の時間であれ、会議の開始時間であれ、あるいは取引のタイムラインであれ、遅延は、起こるべくして起こるものであると考えておくべきでしょう。この点でも地域差があり、一般的には、インド西部と南部では、北部よりも時間の感覚が厳しいといわれています。とはいえ、地域を問わず、会議の予定時間を過ぎても会議が開始しないことはよくあることで、そのような

ときには流れに身を任せるのがインド式です。遅参により会議の開始時間が遅れても、多くの場合、皆が何事もなかったかのように会議が進行します。

　このインド式の時間感覚を理解した上で、全ての活動についてバッファーの時間を設けておくことが望ましいでしょう。例えば、あるプロジェクトや取引について、事前に決定した期間が3か月であれば、さらに1か月以上の遅延をあらかじめ見込んでおくと良いと思われます。

⑺　**序列の重視**

　インドでも、会議や会話の際には、上下関係に気を配ることが不可欠です。挨拶の際はその場で一番年長の人に最初に挨拶します。インドでのビジネスでも人脈が基本となりますので、仮に最終的な意思決定にとって重要ではない人物であったとしても、最もシニアな人との間で信頼関係を築いておくことはビジネスにとって有利に働きます。

⑻　**地域文化の相違**

　第1章で見たとおりインドは広大で多様性に満ちた国であり、地域によって気候や地形が異なり、人々の特徴や食生活や習慣も異なります。例えば言語についても、詳細は後述しますが、インドでは22の公用語があり、各地で日常的に話されている言語となると300を超えるともいわれます。このような多言語・多文化社会で成功するためには、それぞれの地域における特質や商習慣を理解することが必須となります。紙幅の関係上

詳細を述べることはできませんが、ビジネス習慣の違いとして、大まかには例えば以下のことがいえるでしょう。

・会議の議題（アジェンダ）を事前に想定する場合、その詳細さの程度は地域によって非常に異なります。北部では基本的な議題だけが列挙され、詳細は記載されないことが多くあります。他方、南部では詳細な議題を設定する方が評価されます。ムンバイなどの西部の都市やコルカタなどの東部の都市では、それらの中間的なアプローチが採られます。

・南部の人は一般的に控え目であり、派手なものを好まない傾向があります。他方、北部の人は派手めのスタイルを好むことで知られています。

・南部では会議の出席者は長いメモを取ることが多く、他方、北部ではそれほどメモを取らない傾向にあります。

・南部に比べて北部では、会議の場でも個人的な人脈が話題にされることが多いようです。

・地域によって識字率に差があり、これはビジネスにも影響します。

・西部と南部では、良いことであっても悪いことであっても、より長期間にわたって人々の間で記憶されやすい傾向があります。この点はビジネスを行うにおいても注意が必要です。

このような地域による違いは、書ききれないくらいあります。インドにおけるビジネスの仕方は、日本で考える以上に地域差が大きく、細分化されていることに注意が必要です。このため、「郷に入っては郷に従う」ことが、日本における以上に重要といえます。

3 ビジネスにおいて直面する課題

インドビジネスを語る際、しばしば「インドは難しい」といわれます。その難しさは、一体どこにあるのでしょうか。

(1) 言語の違い

インドでビジネスをする上で、まず障壁となるのは言語の壁でしょう。特に、インド人が話す英語は「インド英語」ともいわれ、聞き取るのが難しいとか、使われる単語や表現が独特であるという印象があるようです。そこで、以下では、まずインドの言語事情について見てみましょう。

インドは、想像を絶するほどの多言語国家です。まず、公用語として、インド憲法は、343条から351条と附則別表Ⅷにおいてインド（中央政府又は州政府）における「公用語（official language）」として22言語を認めています。したがって、インドには22の主たる言語が存在するということができます。インドの総人口の96.71％は、これらの22の公用語のいずれかを話します。前述したとおり、インドには28の州（State）と8つの連邦直轄領（Union Territory）がありますが、もともとこれらの州は、言語的アイデンティティに基づいて形成されてきたという経緯がありました。

インドには、いわゆる「国語」（national language）は存在しませんが、約40％以上のインド人がヒンディー語を話します。中央政府における公用語は英語とヒンディー語であり、政

府関係、議会、裁判所などでは両言語が使用されています。例えば、中央政府では、全ての公式なコミュニケーションは英語とヒンディー語の2言語でなされますし、インド議会で可決された制定法は全て両言語で記載されます。他方、州政府では、

[図表3－3] 主な州で使用されている主要言語

州／連邦直轄領	主要言語	他の言語
デリー	ヒンディー (80.94%)	パンジャービー、ウルドゥーなど
ハリヤナ州	ヒンディー (87.31%)	パンジャービー、ウルドゥーなど
パンジャブ州	パンジャービー (91.69%)	ヒンディー、ウルドゥーなど
ラジャスタン州	ヒンディー (90.97%)	ビリー、パンジャービーなど
ウッタル・プラデシュ州	ヒンディー (91.32%)	ウルドゥー、パンジャービーなど
グジャラート州	グジャラーティー (84.40%)	ビリー、ヒンディーなど
カルナータカ州	カンナダ (65.92%)	ウルドゥー、テルグなど
マハーラーシュトラ州	マラーティー (68.79%)	ヒンディー、ウルドゥーなど
ケララ州	マラヤーラム (96.74%)	タミル、カンナダなど
タミル・ナドゥ州	タミル (89.41%)	テルグ、カンナダなど

出所：COMMISSIONER FOR LINGUISTIC MINORITIES Ministry of Minority Affairs Government of India "52nd Report（July 2014 to June 2015）"より作成

公式のコミュニケーションは英語と現地語が使用され、公文書は英語と現地語の両方で作成されます。州内での一般的な日常的なコミュニケーションは現地語で行われています（[**図表3－3**]）。

　公用語以外の言語を含めると、インドの言語数は飛躍的に増大します。2011年の国勢調査によると、インドには1万9,500以上の言語が母語（mother tongue）として話されており、1万人以上によって話されている言語に限っても、インド憲法の附則別表Ⅷに記載されている22の公用語を含めて121の言語が話されているとされています。

　新聞や定期刊行物は、35のインド言語で毎年3,592部発行されています。インドの学校で何らかの形で教えられている言語は69～72の言語のみですが、ラジオ番組は146の言語と方言で放送されています。このように、ヒンディー語が主要な言語であるとはいえ、ヒンディー語以外の言語も多数存在しています。それらの違う言語を話す話者間での意思疎通が困難であるために、ヒンディー語に加えて、（ある意味では中立的な立場にある）英語がインドにおける公用語とされているといわれています（[**図表3－4**]）。

⑵　文化の違い

　インドは、西はアラビア海、南はインド洋、東はベンガル湾に面し、また、北部ではヒマラヤを擁するアジア諸国とつながっています。1000年以上の間、様々な移住者、旅人および支配者たちがインドにやってきました。各方面からの異なる「他

[図表3-4] 母語話者数が多い上位10言語（2011年）

言語	人口
ヒンディー	約5億2,800万人以上
ベンガル	約9,700万人以上
マラーティー	約8,300万人以上
テルグ	約8,100万人以上
タミル	約6,900万人以上
グジャラーティー	約5,500万人以上
ウルドゥー	約5,000万人以上
カンナダ	約4,300万人以上
オリヤー	約3,700万人以上
マラヤーラム	約3,400万人以上

出所：OFFICE OF THE REGISTRAR GENERAL, INDIA "CENSUS OF INDIA 2011" より作成

者」の流入によって、インドの文化は様々な文化が混じり合って創り上げられてきました。現在「インド料理」といわれている料理の多くも、元はといえば外国から入ってきたものです。例えば、三角形の揚げ物の「サモサ」は中東から、世界一甘いお菓子といわれる「グラブ・ジャムン」は中央アジアから、それぞれ伝わってきたものであるといわれています。

　このようなインドの歴史は、それぞれの地に生きる人々の行動や考え方、物事に大きな影響を与えてきました。一般論ではありますが、例えば、インド北部の人々は比較的アグレッシブであるといわれるのは、この地域がアフガニスタンのトルコ系王朝や中央アジアからしばしば侵略を受けてきたという歴史と

無関係ではないでしょう。他方、西部や南部、東部は、侵略を受けることが少なかったため、比較的穏やかな気質であるといわれています。

　インド文化の一般的な特徴を挙げてみると、以下のとおりです。

・年長者は尊敬され、老齢の両親の面倒を見るのは息子の義務であると考えられている。
・南部のケララ州を除けば、他の地域は家父長制社会である。他方、ケララ州は母系社会である。
・牛は神聖で、ほとんどのインド人が崇拝している。
・支配的な宗教はヒンドゥー教であるが、イスラム教、キリスト教、シク教、仏教など、ヒンドゥー教以外のあらゆる主要宗教の信者もインドに混在している。
・インドには、北部のタージ・マハルや南部の様々な寺院など、多くの荘厳な建築物がある。タージ・マハルがイスラム、ペルシャ、インドの建築様式を融合させたものであるのに対し、南部の寺院はインド独特の建築様式である。
・インドの様々な地域には、それぞれの祭りがある。ディワリ（インドのお正月）のようにインド共通のお祭りもあれば、ベンガル（インド東部）のドゥルガー女神祭やガナパティ神祭（インド西部、マハーラーシュトラ州）のように地域特有の祭りもある。
・服装は、気候により異なる。男性用のドーティやパジャマ、女性用のサリーやチュリダーなど多岐にわたる。サリーやドーティの着方も地域によって異なる。

このため、ビジネスにおいても、相手方がどの地域の出身であるか、どの宗教を信仰しているか等を把握し、それに応じた対応をすることが人間関係を構築する一つの鍵となります。

(3) 各地域の開発度合いの違い

インドでは地域によって開発の進展度合いが大きく異なります。

インドの一般的な現状として、西インド（マハーラーシュトラ州、グジャラート州など）と南インド（カルナータカ州以下）は、インドの他の地域よりも比較的高い発展水準にあります。そのため、これらの地域では、生活水準や識字レベルも比較的高くなっています。

インドでのビジネスを計画する際には、こういった地域間の格差を考慮に入れると良いでしょう。この点を考慮して、まずはインドの一部の地域で事業を開始した後、徐々に他の地域へ進出先を広げていくという戦略を採る企業も珍しくありません。

(4) ビジネスを行う上での障壁

それでは、インドでビジネスを行う上では、どのような障壁が存在するのでしょうか。

国際協力銀行（JBIC）による「わが国製造業企業の海外事業展開に関する調査報告」（2023年度）を見ると、製造業分野の日本企業がインドで事業展開を行う際に直面している課題を知ることができます（[**図表3－5**]）。

[図表3-5] インドで事業展開する際の課題（176社が回答）

出所：国際協力銀行「わが国製造業企業の海外事業展開に関する調査報告（2023年度）」より作成

以下では、これらの点について、少し掘り下げて見てみましょう。

a　インド市場における激しい競争

一般に、日本企業は、インドでのビジネスへの基本的なアプローチとして、インド国内の市場を開拓し、現地の需要を活用することに重点を置く傾向があります。ところで、インドでは、中国などとは異なり、外資誘致のために外国企業を内国企業よりも優遇するような政策は、基本的に採用されていません。また、インドでは英語が通じることから、米国や英国などの英語圏の国々をはじめとする外国企業が参入しやすい環境で

ありますし、また、隣国である中国からも（政治的な軋轢はありつつも）活発な投資活動が行われています。このため、インドに進出した外国企業は、インド現地企業との間のみならず、他の外国企業との激しい競争やコスト競争にさらされることになります。この点は、比較的競争相手が限定されているASEAN地域における事情とは大きく異なっているといえるでしょう。とりわけインドの現地企業は日本企業と比べて一般に価格面での優位性があるため、手頃な価格を優先するインドの消費者心理の下では、外国企業にとって非常に競争が厳しい状況となっています。このような厳しい競争状況は、日本企業のみならず、外国企業全般に共通する困難といえます。

　また、近年では、インドの各地域で地価や賃金の上昇が顕著であり、投資コストに影響を与えています。一般に、インド人従業員との昇給交渉に対応することは困難が多く、また、インドでは転職が一般的なため離職の可能性をちらつかされて昇給交渉が難航することも珍しくありません。

　これらのほかにも、労務管理上の課題としては、労働者の強い権利保障、活発な労働運動、専門職や管理職レベルの人材の高い離職率（労働市場の流動性）などがあります。有能な従業員を育成しつつ、その離職を防止するには、競争力のある給与と福利厚生を提供する必要が生じます。また、インドでは従業員に対して継続的に研修を実施することが極めて重要ですし、労務管理においても、各地の文化や習慣の違いに応じた管理が必要となります。これらの労務管理コストは、いわば内部から日本企業への圧力となります。まさに内憂外患の状態といえま

す。

b　インフラ問題

インドにおいて日本企業が直面する大きな課題の一つとして、交通や電力などのインフラ問題がよく挙げられます。インドでは大都市であっても突然に停電となることがあります。また、道路の大渋滞につかまって約束の時間に遅刻したことや、クラクションの騒音の中で車線の存在を無視した車両の強引な割り込みを受けて（あるいは乗車したタクシーがそのような割り込みを行って）ヒヤッとしたことは、誰しも経験があるのではないでしょうか（ちなみに、インドでは、安全に自動車を運転するための三つの必須要素は、「good horn」（優良なクラクション）、「good brake」（優良なブレーキ）、「good luck」（幸運）であるといわれています）。未整備で凸凹した道路、港湾・通関手続の煩雑さ・長期化、未発達の物流といった問題も、インドでビジネスをする上で大きな障害となっています。ネットワーク・インフラも、新型コロナウイルスの大流行時に本格化した電子商取引の需要増に追い付くことができていません。

もっとも、モディ政権はインフラ事業に積極的に投資を行ってきており、その結果、前述の国際協力銀行（JBIC）による「わが国製造業企業の海外事業展開に関する調査報告」によれば、インドで事業展開する際の課題として「インフラが未整備」を挙げた企業の割合は、2013年度の調査では57.2％であったのが、2023年度には29.5％まで減少しています。この調査結果からも、インドのインフラへの評価が着実に改善してきてい

ることが読み取れます。

c 法務・税務

　その他に多く挙げられる課題は、法制度と税制度です。制度自体が複雑であることに加えて、運用の不透明さや恣意的な運用が問題として指摘されています。法制度の運用の不透明さは多様な法分野で散見されますし、特に土地に関しては、非常に予見可能性を欠く状況となっており、ビジネスを行う上で大きな懸念点となることが少なくありません。州政府は工業用地バンクを保有し、そこから外国企業に対して区画の割当てを行うことが多いのですが、それでも、買主たる外国企業は過去15年から20年に遡って、土地の権利に関して慎重なデューデリジェンスを行うことが通例となっています（詳細は、第4章をご参照ください）。

　また、インドの税制は複雑であり、かつ頻繁に変更されます。例えば、州政府が外国企業に対する優遇税制を突然廃止することがあるように、税制を遵守することは容易なことではありません。2017年7月に物品・サービス税（GST）が導入されたことにより、間接税については簡素化が進み、不透明性は改善されましたが、課税や徴税における税務当局の恣意的な運用に悩まされるケースは今も多く聞かれます。

　もちろん、法制度・税制度については、透明性が高いことは望ましいことではありますが、法制度や税制度はその国の文化に根ざしたものであるだけに、外国企業からすれば、見えにくい、理解しにくいことは、ある程度は仕方のないことではあり

ます。このため、実務では、これらについて現地の専門家・アドバイザーから助言を受けることが不可欠です。同じ用語であっても地域によっては異なった意味で使われていたり、規定文書の字面からでは分からない「運用」が当然のように行われたりする場合もあります。

　また、インドの裁判所は一般に公正な判断を下すといえますが、第7章の2で述べるとおり、裁判官の不足のために訴訟手続が大幅に滞っているのが実情です。そのため、一旦インドで訴訟手続が開始されてしまうと、その解決には多大な時間を要し、その結果、たとえ勝訴したとしても、多額の訴訟費用と人的リソースを費やすことになってしまうことが往々にして起こります。また、インドの個人や企業は訴訟に訴え出る傾向が強いため、インドでビジネスを行う場合には、日本における場合よりも法的リスクが高くなり得ることに留意が必要です。

d　治安と社会情勢（インドに居住する邦人）

　個人のレベルでも、インドに居住する日本人の生活環境は、様々な困難に直面します。他のアジア新興国とは異なり、インドに居住する日本人の数は比較的少ないため、日本語学校や日本語が通じる病院へのアクセスは限定されています。また、日本食や日本製の生活必需品の入手も容易とはいえません。さらに、インドの主要都市では物価の高騰により、生活費が比較的高額化しています。

　もっとも、近年では、インドにおける生活環境・住環境は以前と比べて劇的に改善されてきているようです。単身赴任では

なく、家族連れで赴任をされる日本人駐在員の方も増えています。デリー近郊にあるグルガオンのように、日本人コミュニティのニーズに合ったインフラ整備が進んでいる地域も現れ始めています。インドにおける駐在員の生活については第6章の2で詳述していますので、そちらをご参照ください。

e　そ の 他

以下では、JBICの調査結果では挙げられていないものの、多くの日本企業が直面すると考えられるその他の課題について見ていきます。

(a)　**言語の問題**

前述のとおり、インドでビジネスをする上ではまず英語が不可欠ですが、許認可や登録などの書類には、それぞれの州に特有の現地語で記載されている場合もあり、この場合は手続がさらに複雑になります。

また、言語の翻訳にも注意が必要です。翻訳は、たとえ「正確な」翻訳であったとしても、翻訳によって一定程度のニュアンスが失われることがあり得ます。このため、インドの文書を翻訳するに当たっては、できる限りインドの文脈（インドの文化、習慣）を理解した上で、それに即して、いわば「行間」を含めて翻訳を行うことが重要といえます。

(b)　**日本本社の対インド認識とOKY**

これまで他国での事業展開で成功してきた日本企業にとっても、インドへのビジネス進出は、忍耐が要求される長く困難なプロセスとなります。日経BPの取材では、インドでビジネス

を開始してから黒字化の見通しが立つまでに7年を要したとの中堅企業の話が紹介されています。また、日々のビジネス交渉の場面では、「おしゃべりな」インド人を相手に、しばしば価格などの条件面に関して激しい交渉にさらされます。

　インドには現地の文化に裏付けられた独自の「常識」や専門家の基準、商習慣というものがあります。日本では当然と思われるような契約条件や納期でも、インドでは遵守することが困難なこともあります。日本における感覚で現地スタッフやビジネスパートナーと対応することはあらぬ誤解を生むことにつながりかねません。現地に駐在する日本人が日々直面するこのような苦労を日本の本社が理解しているかというと必ずしもそうではないことが多いようです。インドはアジア市場の一部として扱われることが多いため、中国やASEAN地域での成功と比較する形で、インドビジネスの成功度合いが評価されることもありますが、その結果、インドの現地マネージャーは、「他のアジアの市場では上手くいっているにもかかわらず、インドでは成功を収めていない」として、本社から叱責されることがあるかもしれません。しかし、インドは地理的にはアジアに含まれるとはいえ、中国やASEAN地域とは前提条件が大きく異なっており、その違いは、なかなか日本からは見えにくいというのが実情です。インドに限らず、新興国で働く日本人駐在員の間では、日本の本社が現地の状況を理解していないことを表す表現として、「OKY」（O（おまえが）K（ここへ来て）Y（やってみろ））という言葉が（冗談交じりで）使われていますが、この言葉は、インドでは一層強く当てはまるといえるかも

しれません。本書で述べている「インドビジネスの第一歩」は、駐在員となる方々だけでなく、日本本社の方々にこそ読んでいただきたいと思うゆえんです。

(5) 課題を克服するためのヒント

　それでは、これらの課題を克服するためにはどうすれば良いでしょうか。ここでは、そのヒントを考えてみたいと思います。

　インドには、「片手で拍手はできない」という古いことわざがあります。インドで日本企業が直面する様々な障壁や困難も、日本とインドのどちらか一方だけの問題ではなく、双方が相合わさることによって初めて解決できるものであると考えられます。

　まず、インドにおいて、JBICの調査結果が示している課題（インドにおける激しい市場競争、インフラ問題、法制度や税制度の不透明性といった問題）は、近年、急速に改善してきているとはいえ、依然として根強く残っています。日本企業はこれを所与の条件として受け入れざるを得ませんが、その上で、現地のリソースを上手く活用しながら対処の仕方を工夫することができるでしょう。これは「現地化」ということができます。インド人に最適な車種やサイズを提供したスズキ自動車、インドにおける独自の数字の桁区切り（「Lakh」（10万）、「Crore」（1,000万））に対応した計算機を発売したカシオなどは、いずれも現地化に成功した例であり、このような日本企業の例はほかにも多数存在します。

他方、日本についていえば、前述の「OKY」の問題があります。日本企業の本社は、程度の差こそあれインド市場に期待を有しているものの、実際に現地で日々のビジネスに向き合う日本人駐在員との間で認識の乖離があることも多いようです。インドの実情を理解することは、実際にインドに赴く駐在員の方々だけの問題ではなく、むしろ日本の本社の役員や担当者の方々にこそインドの実情を理解していただく必要があるように思います。インドでは、地理的特性や長い歴史によって独自の文化や商慣習、「常識」が存在しています。また、競争環境も、日本はもとより、中国やASEAN地域におけるものとも大きく異なっています。

　このような実情がインドでビジネスを行う上での困難を生むわけですが、それは同時にインドでビジネスを行うことの魅力・おもしろさでもあります。このような、いわば発想の転換を日本にいらっしゃる多くの方々に理解していただくことが、中長期的に見た場合に日本企業によるインドビジネスの成功の鍵となると考えられます。

第 4 章

インドビジネスに関する法務

1 大陸法とコモン・ロー

　世界中に存在する様々な法制度は、一定の共通の特徴を有するものの、それぞれの国の歴史、伝統、文化を反映して異なったものとなっています。日本とインドの間でも、法制度には多くの違いが存在します。これを理解する上で、まず大陸法とコモン・ローという二つの法系の相違を理解する必要があります。

(1) 大陸法とコモン・ロー

　日本法は、基本的には大陸法系に含まれます。大陸法の法系では、立法者（議会、国会）によって制定された制定法・成文法が法源となります。裁判所は、この法源たる制定法・成文法を解釈し、適用することを主たる任務とします（制定法主義）。

　他方、コモン・ロー制度は英国の法制度（イングランド法）に起源があり、英国の旧植民地であった国・地域では今もコモン・ローの伝統が生きています。コモン・ローの法体系では、裁判所が個別事案において下す裁判例の積み重ねが判例法を形成し、将来における法解釈の指針となります（判例法主義）。裁判例のうち、事案の解決に必要な部分は先例拘束性を有し、将来の裁判所はそれに従うことが要求されます。そのような先例拘束性の下で、裁判官は制定法の条文だけでなく、その歴史的背景、立法趣旨、社会的影響をも考慮して、個別事案において妥当な解決を図ろうとします。コモン・ローの国々では、こう

して生み出された判例の中から法原則が生み出され、確立されてきました。コモン・ローの下では、裁判官の役割は法の解釈ではなく法の創造であるともいわれるゆえんです。

　もっとも、コモン・ローの国でも裁判官は法の解釈を行いますし、大陸法の国であっても裁判官が実質上、法の創造を行うこともあります。また、現在では、コモン・ローの法体系を採用する国（英国、米国、カナダ、インド、シンガポール、オーストラリア等）においてもほとんどの法分野において成文法が制定されているため、大陸法との相違は相対的なものであるといえます。大陸法とコモン・ローの区別を強調してカテゴリカルな判断はすべきではないでしょう。

(2) 法体系の違いに由来する特徴・傾向の相違

　とはいえ、それぞれの法体系の違いに由来した大きな特徴・傾向の違いは残っており、それを知っておくことは法制度の理解に役立ちます。

　一例として、コモン・ローの伝統では、「明確に禁止されていないことは全て許される」という一般原則が受け入れられています。これは、個人の自由を尊重するというコモン・ローの伝統に由来する考え方です。大陸法でも、原則的にはこのような考え方がありますが、コモン・ローの国におけるほどには意識されることはないと思われます。

　このような考え方の違いは、例えば契約締結の場面でも表れます。すなわち、契約書を作成する際、コモン・ローの国々では重要な契約条件は全て契約書に書き込んでおく必要があると

考え、このためコモン・ローの国々で作成される契約書は大部となる傾向があることが知られています。これは「明確に禁止されていないことは許される」という考え方の下、相手方に対して禁止や義務を課すためには、契約書においてそれを明記しておく必要がある（逆に言うと契約書で明記していない事項について相手方に義務を課すことはできない）からです。これに対して日本では、契約書に明記されていない事項であっても、裁判所が契約の趣旨や目的、あるいは一般条項を解釈することを通じて、「契約の解釈」の名の下に一定の義務を認定することがあります。コモン・ローの国々ではこのようなことはまれであり、「契約当事者の決めたルールに対して事後的に不当な介入をするものであって、個人の自由を侵害するものである」と受け止められる傾向にあります。

　以下では、このようなコモン・ローの一般的特徴を踏まえた上で、インドにおける主な法制度について概観することにします。

2　インドにおける主な法令・法制度

(1)　インドへの進出に関する主な法令・法制度

a　インドへの進出形態

　外国の法人がインドで拠点を設立するためには、主に以下の五つの方法があります。

(a) **駐在員事務所**（Liaison Office）

　駐在員事務所は、外国企業のインド現地でのコミュニケーション・チャネルとして機能することのみが想定されており、営業活動などのビジネス活動を行うことはできません。駐在員事務所は、主に外国企業がインド現地でビジネス環境の調査等を行う際に利用されています。

　外国企業が駐在員事務所を開設するためには、「承認取引者」（Authorized Dealer Category-I Bank（AD Category-I Bank）。インド準備銀行（RBI）より承認取引者として認可を受けている銀行。インド国内の大手の銀行は、通常この認可を受けており、AD Category-I Bankに該当します[1]）を通じて、インド準備銀行から事前承認を取得する必要があります。駐在員事務所の運営資金は、本国の親会社から送金される資金によって賄われなければならず、駐在員事務所が自らインド国内で借入を行うことはできません。通常、インド準備銀行の承認は3年間有効であり、承認取引者を通じて申請を行うことにより更新することが可能です。

(b) **支店**（Branch Office）

　支店は、物品の輸出入、専門的サービスやコンサルティングサービスの提供、本社のインドでの販売代理店を務めるといった一定の営業活動を行うことが認められます。ただし、行うことができる営業活動は、本社の事業活動の範囲内の業務に限られます。また、支店は、インド国内での製造・加工活動に従事することは認められません。

　外国企業が支店を開設しようとする場合、承認取引者による

審査が行われます（承認取引者はインド準備銀行が定めるガイドラインに従って審査を行います）。もし当該支店において予定している主要な事業が①防衛、②電気通信、③民間警備、④情報・放送のいずれかのセクターに属する場合には、インド準備銀行より事前承認を取得することが求められます。

(c) **プロジェクトオフィス（Project Office）**

外国企業は、一定の条件を満たした場合には、承認取引者の審査を受けるのみで（すなわち、インド準備銀行からの事前承認の取得を要することなく）、プロジェクトオフィスを開設することが認められます（自動ルート）。この「一定の条件」の内容としては、既にインド企業との間でインド国内におけるプロジェクトに関する契約を締結していることなどがあります。他方、このような「一定の条件」を満たさないプロジェクトオフィスを開設するためには、インド準備銀行の事前承認を取得することが必要となります。

プロジェクトオフィスの活動は、特定のプロジェクトを遂行するために必要な業務の範囲内に限られますが、インド国内で銀行口座を開設したり、本国の本社に対して余剰収入を送金したりすることが認められます。通常、プロジェクトオフィスは、外国企業がインド現地で大規模な建設プロジェクトなどを実施する際に利用されています。

(d) **有限責任事業組合（Limited Liability Partnership：LLP）**

2008年有限責任事業組合法で定められている有限責任事業組合（Limited Liability Partnership：LLP）は、最低2名の指定社員（Designated Partner）を任命することが義務付けられてお

り、そのうちの少なくとも1名はインドの居住者（前年に182日間以上、インドに居住していた者）でなければなりません。これらの指定社員は、LLP内のコンプライアンスを管理・確保する上で重要な役割を果たすことが期待されています。

　LLPは、後述する価格設定ガイドラインやセクター別外資規制、その他の付随的な条件に従うことを条件として、外国投資を受け入れることが認められます。

(e)　**現地法人（完全子会社、合弁会社）**

　外国企業は、①単独で完全子会社を設立すること、あるいは②インド現地の合弁パートナーと合弁契約を締結して共同して合弁会社を設立することによって、インド国内で現地法人を設立することができます。

　現地法人の形態としては、株式有限会社（company limited by shares）、保証有限会社（company limited by guanratee）、無限責任会社（unlimited company）の3種類がありますが、通常は、株式有限会社の形態が用いられます。株式有限会社には、公開会社（Public Company）と非公開会社（Private Company）の2種類がありますが、設立当初は非公開会社の形態を用いることが一般的ですし、日本企業が設立している現地法人の大半は非公開会社となっています（会社の形態については、後述(2) a (a)をご参照ください）。

　合弁事業形態による場合には、現地のビジネスパートナーが有する専門知識やマーケット情報、人脈、販路を活用することができるというメリットがあります。他方、インドの現地ビジネスパートナーと共同して事業を行うことになるため、将来に

事業方針に違いが生じてデッドロックに陥ってしまうことも起こり得ます。そのような場合に備えて、あらかじめ合弁契約において合弁事業を解消することができる条件や手続（株式買取請求権などのexitの方法や手続など）を詳細に規定しておくことが重要です。

b 外国投資に対する規制（外資規制）

外国直接投資（Foreign Direct Investment：FDI）は、一般には、外国人・外国企業によるインド企業に対する投資（典型的には株式の取得）を指します。FDIは、①2019年外国為替管理（非債務証券）規則（Foreign Exchange Management (Non-Debt Instruments) Rules, 2019。以下「NDI規則」といいます）と②商工省産業国内取引促進局（DPIIT）が発行する年次統合版FDIポリシー（Consolidated FDI Policy）によって規制されています。また、被仕向送金とその際の報告要件については、インド準備銀行が発する2019年外国為替管理（非債務証券の支払方法および報告）規則に準拠することとされています。

(a) 外国直接投資が禁止されている産業分野

インドでは、以下の産業分野への外国直接投資が禁止されています。

- 宝くじ事業、賭博、賭け事
- チットファンド（Chit funds）（インドで実践されている回転型貯蓄信用講の一種）
- ニディ会社（Nidhi company）（インドの非銀行金融セクターの会社の一種で、そのメンバー間の金銭の貸し借りを基幹

事業とするもの）
- 譲渡可能な開発権（Trading in Transferable Development Rights：TDRs）の取引業
- 不動産事業又はファーム・ハウス（farmhouses）[2]の建設
- たばこ製品の製造
- 民間部門に開放されていない活動・産業分野（原子力、鉄道事業など）

(b) **外国直接投資が許されている産業分野（自由化されている産業分野）**

インドへの外国直接投資は、上記の禁止対象産業分野に該当する場合を除き、全ての産業分野で認められていますが、一定の産業分野については、「NDI規制」に基づいて一定の制限が課され、また、防衛や電気通信等といった一定の分野については、セキュリティ関連の追加的な条件が課されています。

一定の産業分野に対する制限の内容としては、①インド政府（各監督官庁）による事前承認の取得義務（参入ルート）と②外資出資比率の上限規制とがあります。インド企業の競争力が高まるにつれて、外国直接投資に対する制限も緩和・撤廃される方向（自由化の方向）にあります。以下に概要を記載しますが、最新の制限内容については、その時点の年次統合版FDIポリシー[3]の最新版を確認する必要があることにご留意ください。

参入ルート（外国投資認可制度）

インド非居住者がインド国内への外国投資を行う場合には、自動承認ルート（以下「自動ルート」といいます）と政府事前承認ルート（以下「政府ルート」といいます）のいずれかによって

行われます（[**図表4-1**]）。

年次統合版FDIポリシーにおいて政府ルートによることが求められていない限り、自動ルートでの投資が可能です。

<u>外資出資比率の上限規制</u>

産業分野によっては外国直接投資の出資比率に上限が設けられているものがあります。上限が設けられている産業分野については、その旨が年次統合版FDIポリシーに明記されています。他方、そのような明記がない場合には上限規制は設けられていないこと（すなわち、100％までの投資が可能であること）を意味しています（ネガティブリスト方式）。例えば、銀行業（民間部門）では、外資の出資比率の上限は74％とされており、49％までの出資については自動ルートで、49％を超えて74％以下を出資する場合には政府ルートによるとされています。

[**図表4-1**] インドへの直接外国投資の参入ルート

自動ルート	インド準備銀行や中央政府から事前承認を得ることなく、インドへの外国投資が認められる場合。ただし、①インド居住者が資金を受領した後30日以内、および②インド非居住者に対して株式を発行した後30日以内に、それぞれインド準備銀行へ事後報告を行うことが求められる。
政府ルート	インドへの外国直接投資のために中央政府（商工省産業国内取引促進局）の事前承認が必要となる場合。ナショナル・シングルウィンドウ・システム（National Single Window System：NSWS）を通じて承認申請を行う。

c 事業ライセンス

外国直接投資が認められる場合であっても、インド国内で事業を行うためには、事業の種類や性質に応じて、インド国内において様々なライセンスを取得することが必要となる場合があ

[図表4-2] 事業ライセンスの例

ライセンス／承認	注記
納税者番号（PAN）	所得税申告を行う事業体にとっては取得が義務とされている。
源泉徴収番号（TAN）	税の源泉徴収を行う事業体にとっては取得が義務とされている。
店舗および施設法に基づく登録証	各州が独自の規制を行っており、手順や要件が異なる。
中小企業（Udyog Aadhar）登録	中小企業のためのものであり、政府からの助成金の受給資格となる。
輸出入業者コード（IEC）証書	輸出入業を営む事業体にとっては取得が義務とされている。
物品・サービス税（GST）登録証	納税を監視するためのもの。
従業員積立基金組織（EPFO）発行の証書	インド政府と協定を結ぶ国に配置された従業員に認められる。
倉庫ライセンス	倉庫保管業に従事する事業体にとっては取得が義務とされている。
建設関連許可およびライセンス	州によって異なる。土地使用同意書、建設計画認可、竣工証明書等が含まれる。
電力供給申請	州電力配電会社による電力供給許可
配水許可	水道管接続登録および関係当局による許可

ります。（[**図表4-2**]）にその例を挙げます。

　なお、ここで挙げている事業ライセンスは例示にすぎず、実際にはほかにも様々な事業ライセンスが存在します。インドで事業活動を行う場合は、活動を予定している具体的事業の内容やその活動場所（州）に応じて、必要となるライセンスの種類・内容が異なりますので、ご注意ください。

(2) 会社に関連する主要な法令

a　会　社　法

　インドでは、英国による統治時代に株式会社制度を含む様々な法制度が導入されました。1850年に、会社を独立した法人と認める会社法が制定され、その後、長年にわたって会社法は改正が重ねられてきました。そのうち、1956年と2013年に行われた改正が最も重要です。

　1956年会社法は、インドにおける従前の会社法を統合する目的で制定されたものです。その後、経済自由化を受けて、インドの企業分野が発展するにつれ、1956年会社法を整備する必要が生じました。そこで、法律の規定を簡素化するために、2013年会社法が導入されました。2013年会社法では、一人会社、小会社、休眠会社、会社の社会的責任（CSR）、独立取締役、女性取締役、居住者取締役、企業価値算定専門家といった新しい概念が導入されました。また、それまでの会社法とは異なり、重要な部分は下位規範である規則で規定するという建て付けとされている点に特徴があります。

(a) **会社の種類**

前述のとおり、インドの会社には、株式有限会社[4]、保証有限会社、無限責任会社の3種類があります（[**図表4-3**]）。通常、株式有限会社の形態が用いられます。株式有限会社には、

[図表4-3] 会社の種類

株式有限会社	公開会社	会社の債務に対する株主の責任が自己の株式の未払込み金額に限定される。	株式の公募を行うことができる。7名以上の株主が必要であり、3名以上の取締役を置く必要がある。最低払込済み資本金額の要件はない。
	非公開会社		株式の公募を行うことはできない。定款上、株式譲渡制限を定め、株主は2名以上200名以下で、2名以上の取締役を置く必要がある。最低払込済み資本金額の要件はない。
保証有限会社		会社の債務に対する構成員の責任があらかじめ定款で決められた出資引受額に限定される。	保証有限会社の形態を用いることは一般的ではなく、慈善団体等の非営利目的の場合に用いられることが多い。
無限責任会社		会社の債務について構成員が無制限で責任を負う（自己の株式の未払込み金額に限定されない）。	

公開会社と非公開会社の 2 種類があります。

(b) **会社の設立**

　会社を設立する際には、基本定款（Memorandum of Association）と付属定款（Articles of Association）という二つの設立文書を作成します。基本定款は、設立目的を記載した会社の基本的な文書であり、他方、付属定款は、会社の内部運営に適用される内部規程を定めるものです。これらは、会社の設立時に会社登記局（Registrar of Company：ROC）へ届け出ることが必要とされています。

　会社の設立に関して、「プロモーター」というインドに特有の概念があります。プロモーターとは、①会社の目論見書又は年次報告書にプロモーターとして氏名が記載されている個人、②直接的又は間接的に株主、取締役又はその他の立場で会社の業務を支配している個人、又は、③会社の取締役会がその者の助言、指示又は命令に従って行動することが習慣化されている個人をいいます。プロモーターは、通常は創業者株主である個人であることが多いですが、会社における立場にかかわらず、直接的又は間接的に会社の業務を支配する者が含まれるため、必ずしも会社の株主や取締役であるとは限りません。

　プロモーターは、取締役全員が退任や辞任した場合に新たに取締役を任命する義務を負っていますが、株主とは異なり、株主総会における議決権、配当を受ける権利、会社の会計帳簿の閲覧権、会社清算時に残余財産の分配を受ける権利はありません。プロモーターは、会社設立時の作成書類や提出書類に虚偽又は不正確な情報や表現があった場合、あるいは目論見書や説

明書類に虚偽記載や記載漏れがあった場合に責任を負います。

(c) **実質的所有者の報告義務**

会社法90条と2019年会社（実質的所有者）改正規則は、会社の実質的所有者（Significant Beneficial Owners：SBO）を、①単独で又は共同して、間接的に（又は直接保有分と合わせて）10％以上の株式若しくは議決権、10％以上の株式を取得する権利、又は分配金の10％以上を受領する権利を保有する者、および、直接保有以外の方法で重要な影響力又は支配力を行使する権利を有するか又は実際に行使している者であって、②会社の株主として株主名簿に氏名が記載されていない者と定義しています。会社の実質的所有者（SBO）に該当する個人は、会社に対して、自らが実質的所有者である旨を報告することとされており、この報告を受けた会社は報告を受けてから30日以内に会社登記局（ROC）に実質的所有者の登録を行うこととされています。会社の透明性を向上させ、マネー・ローンダリング目的による会社の悪用を防止する観点から、金融活動作業部会（FATF）の勧告を受けて、会社法上の義務として導入されたものです。

(d) **会社の機関**

株主と取締役、取締役会

株主は、いわば会社の所有者であり、各自の持ち株比率でもって会社の持分を保有します。株主は、会社に備置される株主名簿に氏名／名称が記載されます。個人でも法人でも株主になることができ、またインド非居住者も株主になることができます。

取締役は、株主からの委任を受けて日々の会社の経営を行います。取締役は会社と株主に対して忠実義務を負っています。公開会社であるか否かを問わず、全ての会社は、当該会計年度において最低182日間インドに居住している取締役（居住取締役）を少なくとも１名選任しなければならないとされています[5]。居住取締役に国籍要件はありません。また、一定の公開会社については、独立取締役と女性取締役を置くことも義務付けられています。

　取締役の合議体が取締役会です。日本とは異なり、インドでは、会社の規模を問わず全ての会社において取締役会の設置が必須とされています。

会社の意思決定

　会社の意思決定の方法は、株主総会での決議と取締役会での決議によって行われます。株主総会が会社における重要な意思決定を行います。主な株主総会決議事項と取締役会決議事項は[**図表４－４**]をご参照ください。

　まず、株主総会についてですが、株主総会には定時株主総会（Annual General Meeting）と臨時株主総会（Extraordinary General Meeting）があります。定時株主総会は年に１回、会計年度の終了日から６か月以内に[6]、会社の登記事務所又は会社の登記事務所がある市町村内において開催されなければなりません。臨時株主総会は、取締役会が適当とみなす場合又は法定数の株主より要求があった場合にいつでも開催することができます。臨時株主総会は、会社の登記事務所や会社の登記事務所がある市町村内に限らず、その他の場所でも開催することが

[図表4 - 4] 株主総会決議と取締役会決議

		決議事項の例
株主総会決議	特別決議	登録事業所の変更、付属定款の変更、基本定款（資本金の数字を除く）の変更、株主資本金の減額、従業員ストックオプション制度に基づく従業員への株式発行、自社株式の買戻し、15名を超える取締役の任命など
	普通決議	財務諸表の承認、配当の実施、取締役・監査役の選任、取締役・監査役の報酬の決定、関連当事者取引に対する承認、取締役の解任など
取締役会決議		払込み未了の資本金の払込み請求、債券を含む証券の発行、借入の実施、会社資産の投資、ローンの供与、ローンにおける保証・担保の提供、会社の買収、他の会社の支配権の取得、主要な管理職の任命・解任など

できます。なお、株主総会の議事録は、内容に応じて会社登録局への届出が義務とされているため、必ず英語（又は英語とその他の言語のバイリンガル）で作成する必要があります。

株主総会の普通決議の決議要件は、挙手、電子的方法又は投票による賛成票が反対票を上回ること（出席株主の過半数が賛成すること）が必要とされており、他方、特別決議では挙手、電子的方法又は投票による賛成票が反対票の3倍以上であること（出席株主の4分の3以上が賛成すること）が必要とされます。

次に、取締役会については、1暦年の間に少なくとも4回以上開催することが必要とされます。取締役会の開催方法は、物理的に開催する方法とビデオ会議方式で開催する方法があり、

これらの方法による開催が困難な場合には、書面決議による方法によることもできますが、一定の事項については、書面決議の方法によることは認められません。取締役会の定足数については取締役総数の3分の1以上又は2名のいずれか多い方と定められています。決議要件については取締役の過半数で決することができますが、それぞれの会社の定款でより高い決議要件を定めることも可能です。

(e) CSR規定

近時、企業の社会的責任（CSR）やESGは、グローバルなホットトピックになっていますが、この点でインドは、早くからCSRを会社法の中で明文化したことで有名です。すなわち、2013年会社法135条とそれに基づいて制定された2014年会社（企業の社会的責任ポリシー）規則（CSR規則）において、直近会計年度において以下の基準のいずれかに該当する企業は、CSRに関連した活動を行って年次報告書に記載して報告する義務があるとされています。実際に行う具体的活動の内容は取締役会において決定することができます。

(i) 純資産（Net Worth）が50億ルピー以上であること
(ii) 売上高が100億ルピー以上であること
(iii) 純利益が5,000万ルピー以上であること

上記のいずれかの要件を満たす企業は、少なくとも3名以上の取締役（かつ、そのうち、少なくとも1名は独立取締役）によって構成されるCSR委員会を設置しなければなりません。また、CSR規則では、CSRを実施することが義務付けられている企業が自社ウェブサイトを保有している場合にはCSR委員会の

構成とCSRポリシーを公表することが義務とされています。

b　会社の資金調達

インドでの資金調達の方法としては、主に、①現地での銀行借入、②インド国外の銀行や企業からの借入（対外商業借入）、③社債発行、④株式発行の4種類があります。

まず、①現地での銀行借入は、日本での借入と異なり、借入の通貨はルピーに限られます。銀行借入は株主にとっては持ち株比率の希薄化を伴わないというメリットがありますが、過去の取引実績がない現地銀行から融資を受けることは困難な場合があり、また、借入金利が高い場合には会社のキャッシュフローに悪影響を及ぼし得るというデメリットがあります。

②対外商業借入（External Commercial Borrowings：ECB）とは、インドの居住者がインドの非居住者から行う外国通貨建て又はルピー建ての貸付け（ローン）です。対外商業借入においては、インド準備銀行（RBI）によって認定されたカテゴリーに属する者であって、FATF（金融活動作業部会）又はIOSCO（証券監督者国際機構）への加盟を通じてマネー・ローンダリングの防止等の措置が一定水準以上で確保されていると考えられる国（日本もこれに含まれます）の居住者に限って、貸付けを行うことが認められます（貸付人適格）。貸付けを行う場合には、インド準備銀行が定める規則（Master Direction No.5/2018-19 'External Commercial Borrowings, Trade Credit and Structured Obligations'[7]）に準拠することが求められます。同規則による主な規制内容は［**図表4－5**］をご参照くだ

[図表4－5] 対外商業借入（ECB）の概要

	外貨建て	ルピー建て
借入適格者	・外国直接投資を受け入れる資格を有する全ての事業体 ・以下の事業体 ✓港湾トラスト ✓特別経済区（SEZ）ユニット ✓インド小規模産業開発銀行（SIDBI） ✓インド輸出入銀行（EXIM Bank）	・外貨建てで対外商業借入を受けることができる全ての事業体 ・マイクロファイナンス活動に従事する登録団体（登録された非営利企業、協会、信託、協同組合、非政府組織）
借入期間	原則として、3年間以上 ・製造業を営む事業体が1会計年度につき最高5,000万米ドルを借り入れる場合は、1年間以上 ・外国株主（foreign equity holder）から運転資金目的、一般的な事業目的又はルピー建てローン返済のために借入を行う場合は5年間以上 ・(i)運転資金目的又は一般的な事業目的、かつ(ii)運転資本目的のためのノンバンク金融会社（Non-Banking Financial Company）によるオンラインレンディング（オンライン融資）のための場合は、10年間以上 ・(i)資本支出のためにインド国内でなされたルピー建てローンの返済、かつ(ii)同目的のためのノンバンク金融会社によるオンラインレンディング（オンライン融資）のための場合は、7年間以上 ・(i)資本支出以外の目的でインド国内でなされたルピー建てローンの返済、かつ(ii)同目的のためのノンバンク金融会社によるオンラインレンディング（オンライン融資）のための場合は、10年間以上	
借入上限額	1会計年度当たり7億5,000万米ドル スタートアップ企業の場合は、1会計年度当たり	

	300万米ドル
借入金の使途の制限	原則として、借入金を以下の目的で利用することは許されない（ネガティブリスト）。 ・不動産事業 ・資本市場への投資 ・エクイティ投資 ・運転資金目的（ただし、外国株主からの借入の場合は可） ・一般的な事業目的（ただし、外国株主からの借入の場合は可） ・ルピー建てローンの返済（ただし、外国株主からの借入の場合は可） ・上記の活動のためのオンラインレンディング（オンライン融資）
負債資本倍率（D/Eレシオ）の制限	7：1

さい。対外商業借入によって、インドの会社がインド国内に限らずにグローバルに資金調達を行うことが可能となっていますが、通常は、外国の親会社がそのインド子会社に融資するために用いられる例が多くなっています。

　インド準備銀行が定める規則に規定されている要件を満たす範囲の借入であれば、借入に当たってインド準備銀行から承認を得ることを要しません[8]（自動ルート）。他方、資金使途や金利、借入限度額などにおいてインド準備銀行の規則が定める要件から逸脱する場合には、インド準備銀行より事前の承認を得ることが必要となります（承認ルート）。また、対外商業借入の場合には為替レートの変動リスクの影響を受けますし、余剰流

動資産がある場合であっても、インド準備銀行が定める規則に規定されている最低平均借入期間の経過前は期限前償還はできないとされていることに留意が必要です。

　③社債を発行する場合、インド準備銀行によって認定されているカテゴリーに属する者（日本の居住者も含まれます）のみが社債を発行することができます。通貨は外貨でもルピーでもいずれでも可能です。償還期間中、社債権者に対して利息の支払がなされます。

　④株式を発行する場合には、「NDI規則」により、インド非居住者であってもインド企業の株式を引き受けることが可能とされています。株式については払戻しが行われず、また、無配当とすることも可能ですので、会社にとっては財務的な健全性を維持することができます。他方で、既存株主以外の第三者に株式を割り当てる方法により株式を発行する場合には、既存株主の持ち株比率が低下し、会社の支配権に影響を与える場合があります。

(3) 各種の法令

a　はじめに

　実際にインドで事業運営を行う場合には、多岐にわたる法令が関係します。以下では、代表的な法令として、契約法、外国為替規制、M＆A（特に価格設定ガイドライン）、労働関連法令、競争法、贈収賄防止法、知的財産権法、個人情報保護法、不動産関連法令の概要を説明します。税法については第5章で、紛争解決に関する法令については第7章の2で説明します。

b　契 約 法

⒜　1872年インド契約法

　インドにおける契約に関するルールは、1872年インド契約法に定められています。約150年の歴史のある契約法は、インドが英国の植民地であった時代に制定されました。そのため、契約法の多くの概念はイングランド法の影響を受けています。

　契約法は、契約の一般原則、契約の種類、契約の有効性要件、契約の解除、契約の履行、契約違反に対する救済などについて定めています。

⒝　契約の定義、意味および性質

　日常的な会話では「contract」と「agreement」の語は区別なく使用されますが、契約法においては、contractとagreementの用語は区別されています。契約法2条⒣では、契約（contract）を「法律により執行可能な合意（agreement）」と定義し、同条⒠は、合意（agreement）を「相互の約因を成す約束および一連の約束」と定義しています。合意は、相互の約束であり、ある者が申込みを行い、他の者がその申込みを承諾することによって成立します。この合意が法律により執行可能である場合に、「契約」となります。全ての「契約」は「合意」であるといえますが、全ての「合意」が「契約」であるというわけではありません。

　文書の名称や表題によって「契約」であるか否かが判断されるわけではありません。「合意書（agreement）」と名付けられている文書であっても、契約法に基づき定められている契約の有効性要件を満たす限り、契約法上、「契約」（contract）とみ

なされます。

(c) 契約の有効性要件

あらゆる合意は、「契約を交わす資格のある当事者の自由な同意により、適法な約因（consideration）をもって、適法な目的でなされ、かつ、契約法により明示的に無効と定められていない場合」に契約であるとされます（契約法10条）。よって、契約法に基づく有効な契約を成立させるためには、[**図表4－6**]に掲げる要素が必要とされています[9]。

契約法上、契約は書面で行うこと（書面性）は求められておらず、契約は黙示によっても成立し得ます。したがって、当事者の行為によって契約が成立したと判断されることがあり得ます。例えば、賃貸借契約の期限が経過したものの、賃借人が賃貸物件の占有を継続して賃料を払い続けていた場合、これに対して賃貸人が賃借人に異議を申し立てることなく賃料を受領し続けていたときは、両当事者の行為を斟酌して、賃貸借契約が継続していると判断される可能性があります。

(d) 契約関係の解除／終了

契約は、以下の事由により終了します。

・全ての当事者による全ての義務の履行の完了
・相互の合意（解約合意）
・契約上の義務を履行することが不可能になった場合
・契約法上の終了事由の発生（例えば、当事者の死亡等）
・契約の有効期間の経過
・契約違反：契約違反を理由として契約が解除されることによって契約関係は終了し、契約当事者は契約上の義務から解

[図表4-6] 契約の要素

同意	申込みと承諾を通じて法的義務を創出する意図の存在。
当事者の自由な同意	強制、不適切な影響、虚偽表示、詐欺又は錯誤によって誘引されていない場合に「自由」といえる。
当事者の能力・資格	以下のいずれをも満たす場合に、その当事者は契約締結能力があるとみなされる。 ・未成年ではない（すなわち18歳未満ではない）こと ・健全な精神状態であること ・契約を締結する資格がないと法律で定められていないこと
約因（consideration）	約因とは、何らかの作為又は不作為に対する対価をいう。約因は「quid pro quo」ともいい、これは「あるものに対する見返り」を意味する。低額な対価（例えば、1ルピー）を約因とすることも可能である。約因は、金銭価値によって定量化することができるものか、あるいは、そうでない場合には（過去、現在又は未来における）何かを控える行為又は約束でなければならない。
契約の目的	以下の場合には、契約は適法な目的を有しないものとみなされる。 ・法律により禁止されている事項を目的とする場合 ・法律の規定を無効化する性質を持つ事項を目的とする場合 ・不正な目的である場合 ・契約当事者又は第三者の財産への危害を伴い、又はそれを示唆するものである場合 ・非道徳的又は公序良俗に反する場合
合意が無効でないこと	契約法により明示的に無効と定められている場合には、そのような合意は無効となる。例えば、殺人を犯す合意、他人を中傷する発言を行い公表する旨の合意、公序良俗に反する合意などは無効である。

放されます。

(e) **契約違反と救済**

契約の一方当事者が契約上の義務の不履行により契約違反となった場合、他方当事者は契約を解除することができます。また、一方当事者の契約違反によって他方当事者が金銭的損害を被った場合には、解除を行った当事者は、不履行当事者に対して損害賠償を請求することができます。

金銭的な損害賠償によっては救済として十分ではない場合には、当事者は不履行当事者に対して特定履行(契約上の義務の内容を現実に履行すること。例えば、係争物の引渡しなど)を求めることもできます。インド契約法においては、日本法とは異なり、契約違反に対する救済としては損害賠償が原則となっており、損害賠償によっては救済として十分ではない場合に限って、特定履行の請求をすることができるとされていることには留意が必要です。

また、事後的な損害賠償では十分な救済とならない場合には、事前に裁判所に対して差止命令の発令を申し立てることもできます。差止命令は、契約違反によって損害を被る当事者が請求できる予防的な救済手段です。

(f) **契約書への印紙の貼付**

印紙税は、印紙税法に記載される一定の取引を記録する書面に対して課される税金です。印紙税は、1899年インド印紙税法(中央印紙税法)又は各州の印紙税法において、税率が定められています。印紙の貼付が必要となるか否かは、当該書面の性質によって異なります。

印紙を適式に貼付していない契約書は、印紙税と違約金の全額が支払われるまでの間は、裁判所での証拠能力が認められません（したがって、裁判所で証拠として使用することができません）。そのため、当事者間で有効に締結された契約書に基づいて何らかの請求を行おうとしても、印紙が貼付されていなければ、契約書に証拠能力が認められない結果、このような請求が認められないことになってしまいますので留意が必要です[10]。

c 外国為替規制

インドにおいて対外取引の管理・調整を行うための法律は、1999年外国為替管理法（Foreign Exchange Management Act 1999：FEMA）です。1991年の経済自由化政策の導入を受けて、それまで適用されていた1947年外国為替管理法を規制緩和する形で1999年外国為替管理法（以下、単に「外国為替管理法」といいます）が導入されました。

(a) 外国為替管理法に基づく取引の分類

外国為替管理法は、取引を「資本勘定取引」（capital account transaction）と「経常勘定取引」（current account transaction）の二つに分類しています。この二つの分類のそれぞれに対して、異なる規制内容が定められています。

(b) 資本勘定取引

資本勘定取引とは、「インド居住者が保有するインド国外の資産・負債、又はインド非居住者が保有するインド国内の資産・負債に影響を与える取引」です。具体例としては、インド企業による外国での財産の取得、日本企業によるインドへの外

国直接投資(インドでの株式や土地の取得など)、インド企業の外貨建ての借入などがあります。資本勘定取引は、法律によって許容された範囲内でのみ認められ、また原則としてインド準備銀行からの事前承認を得る必要があります。

(c) **経常勘定取引**

他方、資本勘定取引に分類されない取引が経常勘定取引です。日常的な業務費用の支払などがこれに相当します。経常勘定取引については、原則としてインド準備銀行の事前承認を必要とせず、自由に行うことが可能です。ただし、2000年外国為替管理(経常勘定取引)規則の別紙IIIに列挙されている一定の取引については、インド準備銀行による事前承認が必要となります。

d **インド企業の買収(M&A)**

(a) **買収の手法**

インドにおける企業買収の手法としては、当事者間の合意(契約)のみによって実施できる①株式譲渡、②事業譲渡(Slump Sale)、③資産譲渡と、裁判所の手続が必要となる④合併(merger)と⑤会社分割(demerger)があります。

このうち最もよく使われる手法は株式譲渡(①)であり、対象会社の支配権の全部又は一部を容易に取得することができます。外国企業が事業の譲渡(②)を受ける場合には、インド国内に現地法人を設立してから、その現地法人を譲り受け主体とすることが一般的です。

以下では、株式譲渡に適用される重要な規制である価格設定

ガイドライン (pricing guideline) について説明します。

(b) 価格設定ガイドライン (pricing guideline)

インドの会社の株式等[11]、[12]の譲渡を行う場合には、価格設定ガイドライン (pricing guideline) が適用される結果、当事者間で決定した株式の譲渡価格がそのまま認められない場合がありますので、注意が必要です。すなわち、外国為替管理法、2019年外国為替管理（非債務証券）規則（「NDI規則」）、インド準備銀行のMaster Direction[13]は、インド国外へ不当に資産や外貨が流出することを防止するために、インド居住者とインド非居住者との間でなされる株式譲渡について、以下の規制を定めています。

① インド非居住者が取得者となる場合、譲渡価格は公正価値 (fair value) 以上でなければならない。
② インド居住者が取得者となる場合、譲渡価格は公正価値 (fair value) 以下でなければならない[14]。

具体的には、インド居住者がインド非居住者にインド企業の株式等を譲渡する場合の譲渡価格は、以下の方法で算定される公正価値 (fair value) を下回る価格であってはなりません。また、インド居住者であるインド企業がインド非居住者に対して株式等を発行する場合も同様の価格規制に服します。

・インドの上場企業については、インド証券取引委員会（Securities and Exchange Board of India：SEBI）が定めるガイドラインに従って計算された価格
・インドの非上場企業については、独立当事者間ベースの価値評価のための国際的に認められた価格算定方法に従って算定

[図表4-7] 価格設定ガイドライン

売主	買主	価格設定ガイドラインによる譲渡価格の規制
インド居住者	インド居住者	価格設定ガイドラインは不適用
インド居住者	インド非居住者	公正な市場価格を下回ってはならない
インド非居住者	インド居住者	公正な市場価格を超えてはならない
インド非居住者	インド非居住者	価格設定ガイドラインは不適用

された価値評価であって、公認会計士又はSEBIに登録されたマーチャント・バンカー（Merchant Banker）若しくは原価会計士（Cost Accountant）によって適式に認証された価格[15]

なお、インド非居住者の間でのインド企業の株式等の譲渡の場合（例えば、日本企業が他の日本企業やインド以外の第三国の企業に対して、インド企業の株式を譲渡する場合）には、価格設定ガイドラインは適用されないため、譲渡価格を自由に決定することができます（[図表4-7]）。

e　労働関連法

(a)　インドにおける労働関連法の歴史

インドの労働関連法は、英国の植民地であった時代にイングランド法の影響を受けて成立しました。前述のとおり、インド憲法上、労働関連事項は中央政府と州政府の双方の管轄事項とされています（コンカレントリスト）。

(b) **主要な労働関連法およびその適用関係**

　インドの労働関連法は、雇用条件、社会保障、安全衛生、労働者福祉、労働組合、労働紛争等の様々な側面を網羅的に規定しています。これらの法令が適用されるか否かは、その事業所の従業員数や、労働者の賃金、業務の性質、勤続年数、事業所における立場等といった要素により異なりますので、まずは問題になっている法令の適用関係を正しく見極めることが重要となります。

(c) **労働者の分類**

　労働関連法の適用関係を検討する上で主要な要素の一つが労働者の分類です。インドの労働関連法は、雇用と業務の性質に応じて労働者を「ワークマン（workman）」[16]と「ノンワークマン（non-workman）」に分類しています。

　ワークマンは、「いずれかの産業分野で雇用され、かつ、肉体的、非熟練的・熟練的、技術的、作業的、事務的業務を行う労働者のうち、後述のノンワークマンおよび軍人、警察官、刑務官を除いた者」をいいます。ワークマンに対しては、労働関連法が適用され、厚い保護が与えられています。他方、ノンワークマンは、「主として経営職・管理職として雇用されている者又は監督的作業を行うために雇用されている者であって、月額賃金が1万ルピー（約1万7,000円）を超える者」をいいます。ノンワークマンに対する労働関連法の保護は限定的であり、基本的に、雇用条件は雇用契約の内容によって定まります。したがって、例えば、ノンワークマンについては、雇用契約において定めがあれば解雇することも相対的に容易です。

(d) 雇 入 れ

　労働者を雇い入れる場合には、オファーレターを発出して、労働者と雇用契約書を締結するのが一般的です。法的には雇用契約は口頭でも締結することができますが、雇用条件を明確にするため、書面で雇用契約を締結しておくべきです。また、後述するとおり、労働者がワークマンか、ノンワークマンかによって解雇規制の適用に大きな相違が生じるため、ノンワークマンとして処遇することを意図している場合には、雇用契約書においてその労働者が管理監督者の地位にある旨を明記しておくべきです。

(e) 就業時間、休暇、福利厚生

　労働者の就業時間、休暇、福利厚生といった労働条件の定めは、やや複雑です。工場に勤務する労働者（ワークマン）の労働条件は、1948年工場法という連邦法によって定められています。他方、工場以外の店舗や商業施設、オフィスに勤務する労働者については、各州が店舗施設法を制定しています。したがって、事業所の事業内容に応じて、適用される法令を適切に判断することが必要となります。

　また、過去12か月間のいずれかの時点において100名以上のワークマンを雇用していた産業施設（industrial establishment）は、ワークマンの労働条件を定める就業規則（standing orders）を策定し、当局担当官による認証と登録を受けることが義務とされています（1946年産業雇用（就業規則）法）。上記に該当しない場合には就業規則の策定は義務ではありませんが、一般的には、雇用契約書で「雇用条件は就業規則の定めによ

る」と規定して就業規則を定めている例が多いようです。

　賃金を除く雇用条件を規定する一連の連邦法は、2020年労働安全衛生法として統合されました。同法では、1日当たりの基本労働時間は8時間と規定しており、これは1948年工場法で定められていた9時間よりも1時間短縮されたものとなっています。ただし、同法は本書執筆時点では未施行となっています。

(f)　賃　　金

　賃金に関しては、一定の労働者について、1936年賃金支払法（連邦法）が支払時期、支払通貨、賃金からの控除などについてのルールを定めています。また、1948年最低賃金法（連邦法）では、連邦政府又は州政府は職業分野ごとにおける最低賃金額を定め、5年を超えない一定期間ごとに見直しを行うことが想定されています。

　これらの賃金に関する一連の労働関連法は、2019年賃金法として統合されています。今後は同法の下で、最低賃金水準や、賃金支払方法に応じた支払期限、賞与の支払義務の対象範囲や賞与受給資格の喪失要件などが定められることになりますが、同法も一部の条文を除き、現時点で未施行となっています。

(g)　労働者の解雇

　インドで労働者を解雇する場合、前述のワークマンについては、雇用契約に規定した内容に加えて、解雇に関する労働関連法の適用にも注意が必要です。

　1947年産業紛争法では、産業施設（industrial establishment）で1年以上継続して勤務しているワークマンについては、以下の権利が規定されています。

① 1か月前までに解雇の理由を示した書面による通知を受けること。または、通知に代えて通知期間における賃金相当額の支払いを受けること。
② 解雇の時点で、継続勤務していた1年ごと、又は6か月を超える期間において、平均給与の15日分の割合で計算した補償金の支払いを受けること。

この場合、解雇を行おうとする会社側は、直近に雇用したワークマンから順に解雇を行わなければなりません。また、解雇を行ったときはその旨を政府(連邦政府又は州政府)に通知することが必要となります。

過去1年間に1営業日当たり平均100人以上のワークマンを雇用している産業施設については、解雇に対する規制がさらに強化されています。具体的には、ワークマンを解雇するためには、解雇通知は3か月前に行わなければならず、また、政府(連邦政府又は州政府)から事前の許可を取得することが求められます。

事業所閉鎖に伴って労働者を解雇しようとする場合には、上記に加えて、事業所閉鎖の60日前までに、政府(連邦政府又は州政府)に対し、事業所を閉鎖する理由を記載した通知を行う必要があります。

これらの解雇に関するルールを定める1947年産業紛争法は、今後、2020年労使関係法に統合されて新たに施行される予定となっており、それに合わせて、解雇の事前許可が必要となる場合が、雇用しているワークマンが「100人以上」である場合から「300人以上」である場合へと引き上げられる形で解雇規制

の緩和が図られることとなっています。なお、同法は、各州における施行規則の整備の遅れや労働組合による反発等を受けて、現在も未施行となっています。

　以上のワークマンの場合とは異なり、ノンワークマンの場合には、一部の州法を除き、1947年産業紛争法による解雇規制は適用されません。したがって、基本的には雇用契約書の内容に沿った形で解雇を行うことができますので、翻って、雇用契約書で解雇の条件や手続を明記しておくことが必要であるといえます。

f　競　争　法

　インドにおける競争制限的行為は、2002年競争法（Competition Act）によって規制されています。競争法は、事業者が互いに効果的に競争を行うためのルールを定めることを目的とする法律です。これにより、起業家精神と生産効率が向上し、消費者の選択肢が増加し、価格の引下げと品質の向上がもたらされることが期待されます。

　2002年競争法の規制は、次の三つの柱から成ります。

① 　反競争的協定の禁止
② 　支配的地位の濫用の禁止
③ 　企業結合規制

　また、同法ではインドにおける競争当局としてインド競争委員会（Competition Commission of India）の設置が規定されています。

(a) **反競争的協定の禁止**

　反競争的協定 (anti-competitive agreement) とは、商取引における事業者間の協定であって、特定の市場における競争に悪影響を及ぼすものをいいます。このような反競争的効果を有する事業者の行為は、競争法によって禁止されており、無効とされます。

　反競争的協定としては、水平的協定と垂直的協定の両方が対象となります。水平的協定は、競争関係にある事業者間で価格やその他の取引条件を制限することを内容とするものであり、競争に相当な悪影響を及ぼすものと推定されます。他方、垂直的協定は、取引段階の異なる事業者間の一定の取引（抱き合わせ取引、排他的供給契約、排他的流通契約、取引拒絶、再販売価格維持行為など）のために締結されるものをいいます。垂直的協定については、上記の推定はなされず、市場における競争に相当な悪影響を与える（又はそのおそれがある）ものに限って、競争法により禁止されます。

　反競争的協定に該当するカルテルを行った事業者がその事実をインド競争委員会に自主的に申告したときは、インド競争委員会は、その事業者に対して課す制裁金を減免することができます（リニエンシー制度、[図表4-8]）。したがって、万が一、社内でカルテルに従事している疑いが発覚したときは、事実関係と裏付け資料の調査を早急に進め、インド競争委員会に対して自主的な申告を行うか否かを、短いタイムスパンの中で早急に判断することが求められます。

[図表4-8] リニエンシー制度の概要

申告の順位	制裁金の減免の上限
1位	最大で100%
2位	最大で50%
3位以下	最大で30%

(b) 支配的地位の濫用の禁止

インド国内の関連市場で支配的地位（dominant position）を有する事業者が、自らの支配的地位を濫用することは禁止されます。例えば、支配的地位を有する事業者が取引先に対して不公正又は差別的な取引条件又は価格を課すこと、市場への参入の拒絶につながるような取引方法を採ることなどが禁止行為の対象となります。ある事業者が関連市場において強い立場にあり、当該市場における競争圧力とは独立して自由に行動できるか、又は、競合他社や消費者、関連市場に自社に有利な影響を与えることができる場合に、その事業者は支配的地位を有するものと認定されます。

(c) 企業結合規制

インド国内の関連市場における競争に相当な悪影響を及ぼす（又はそのおそれがある）企業結合は禁止されており、そのような企業結合は無効とされます。

企業結合の届出基準を満たす企業結合の当事会社（[図表4-9]）は、合併に係る事業者の取締役会による合併の承認日又は買収若しくは支配権の獲得のための合意文書の締結日から30日以内に、予定している企業結合の詳細をインド競争委員会へ

[図表4-9] 企業結合の届出要件

	インド国内 (単位：ルピー)		インド国内外 (単位：米ドル)	
	資産	売上	資産	売上
当事会社（取得会社と被取得会社）	250億超（注1）	750億超（注1）	12.5億超（内、125億ルピーがインド国内）（注1）	37.5億超（内、375億ルピーがインド国内）（注1）
被取得会社が企業結合後に属することとなる事業者集団	1000億超（注2）	3000億超（注2）	50億超（内、125億ルピーがインド国内）（注2）	150億超（内、375億ルピーがインド国内）（注2）
取引価値基準	取引価格が200億ルピーを超え、かつ対象会社がインドで実質的な事業を行っている場合			

注1：これらのいずれか一つを満たす場合に届出が必要となる。
注2：これらのいずれか一つを満たす場合に届出が必要となる。
注釈：対象会社のインド国内の資産が45億ルピー又はインド国内の売上高が125億ルピーである場合は、届出は免除される（de-minimis）。

届け出ることが義務付けられています。届出の様式としては、簡易な内容のShort Form（Form I）と、詳細な内容のLong Form（Form II）があり、通常は、まずForm Iによる届出を行います。インド競争委員会による第一次審査においてさらに詳細な情報が必要と判断された場合にはForm IIを提出することが求められます。所定の期限内に企業結合の届出を怠った場合には、当該企業結合の当事会社の売上高又は総資産の1％のい

ずれか高い方の金額での制裁金が課されますので、届出を適切に行うことが極めて重要です。

企業結合の届出がインド競争委員会に提出されたとき、又はインド競争委員会が当該企業結合を承認、不承認又は修正する旨の命令を発したときのうちいずれか早い日から210日を経過するまで企業結合は効力を生じません（待機期間）。インド競争委員会が届出を受領してから210日以内に何らの命令や指示も出されなかった場合には、承認されたものとみなされます。

g 贈収賄防止法等

インドで活動する企業にとって、贈収賄コンプライアンスは非常に重要であり、場合によっては企業の存続に関わる重大事に発展しかねません。贈収賄防止に関する法令としては、以下のものがあります。

(a) 1988年汚職防止法

贈収賄と汚職の撲滅を目的として、1988年汚職防止法（Prevention of Corruption Act）が定められています。公務員や公務に従事する一定の分野の民間人を対象とする贈収賄とその教唆や未遂に対して適用されます。同法では、収賄と贈賄の双方が犯罪とされており、懲役刑や罰金などの厳しい内容の罰則が定められています。

汚職の撲滅は、モディ政権が掲げる最重要課題の一つとして、近年、摘発・執行の強化がなされてきました。それが奏功し、汚職は確実に減少してきているといわれていますが、特に地方においてはまだまだ汚職が根強く残っているようです。

日本企業にとっては、インド現地法人の現地従業員による贈賄などの不正行為・コンプライアンス違反に悩まされる例が多くあります。不正行為・コンプライアンス違反の発覚と抑止を実現する上では、定期的な研修の実施と並んで、内部通報制度が有効なツールとなります。現地法人に内部通報制度を設けることや、さらに進んで日本の親会社も含めた形でグローバル内部通報制度を構築することが期待されます。

(b)　**2002年マネー・ローンダリング防止法**

　2002年マネー・ローンダリング防止法（Precention of Money Laundering Act）により、犯罪収益の隠匿、保有、取得、使用に関連する行為に直接的又は間接的に関与した場合には、マネー・ローンダリング罪に問われます。故意にこれらの活動を支援した者についても同様です。同法では、マネー・ローンダリングされた資金によって得た財産の没収についても定められています。近年、マネー・ローンダリング規制の執行も強化されていますので、知らぬうちにマネー・ローンダリングに加担していたというようなことがないように、取引の相手方のKYC確認を確実に実行することが必要です。

(c)　**2014年公益通報者保護法**

　2014年公益通報者保護法（Whisle Blowers Protection Act）は、贈収賄のみを対象とするものではありませんが、贈収賄や汚職事件の発覚において重要な役割を果たします。同法は、公務員と公共サービスセクターの事業に携わる者に関する不正行為を報告した内部通報者を保護することを目的としています。

(d) 米国の海外腐敗行為防止法

　以上のインド国内法に加えて、一定の場合には米国の海外腐敗行為防止法（Foreign Corrupt Practices Act：FCPA）が域外適用される場合がありますので注意が必要です。

h　知的財産権法等

　インドにおいても知的財産は、財産の一形式と考えられており、インド憲法第300-A条で保護されています。知的財産権に関する法令を制定する権限は中央政府が有します（ユニオンリスト事項）。インドで認められている知的財産の種類と対応する法律は、[図表4－10]のとおりです。

　日本の法制度と比較した場合、営業秘密の保護において相違があることに留意が必要です。日本では、営業秘密は不正競争防止法で一定の保護が与えられていますが、インドでは営業秘密を保護する法令は存在せず、裁判所によりケースバイケースで保護されるのみです。そのため、営業秘密を開示する場合には開示先との間で秘密保持契約書を締結することが不可欠です[17]。秘密保持契約を締結していれば、開示先において営業秘密の漏えい等が起きた場合、契約違反に対する救済として、差止命令、営業秘密の返還、漏えい等により被った損害の賠償請求を行うことができます。

i　個人情報保護法

　インドにおいても、個人データ保護の要請はますます高まっています。インドでは従前、個人データ保護のための分野横断

[図表4－10]　知的財産の種類と関連法令

知的財産の種類	法令	保護客体	有効期間等
特許	1970年特許法	発明	出願日から20年間
商標	1999年商標法	商品やサービスを表象する固有のシンボル、ロゴ、語句、表現等	10年間（回数制限なく更新可能）
著作権	1957年著作権法	言語著作物（コンピュータープログラムを含む）、美術著作物、音楽著作物、録音物等	著作者の死後60年間（一定の種類の著作物については公表後60年間）
意匠	2000年意匠法	工業的方法又は手段により物品に適用される線又は色彩の形状、輪郭、模様、装飾若しくは構成の特徴のうち視覚的なもの	10年間（さらに5年間の更新が可能）
地理的表示	1999年物品の地理的表示（登録および保護）法	農産物、自然物又は製造品の原産地又は製造地を識別する表示	
半導体集積回路の回路配置	2000年半導体集積回路配置法	半導体集積回路の回路配置	出願日から10年間、又はインド国内外で最初に商業利用がなされた日から10年間（いずれか短い方）

注：日本の実用新案制度に対応するものは存在しない。

的な包括的法令は制定されておらず、個人データは、2000年情報技術法（IT法）と2011年情報技術（合理的なセキュリティ慣行および手順、センシティヴ個人データ又は情報）規則（IT規則）の中の一部の規定によって保護されるにとどまっていました。

インド政府は個人データ保護の包括的な立法を目指し、2019年に議会に個人情報保護法案を提出しましたが、利害関係者やハイテク大手企業からの強い批判を受けて、2022年8月に同法案は撤回されました。その後、2022年11月に再度、デジタル個人データ保護法案（Digital Personal Data Protection Bill, 2022）が公表・提出され、議会での審議を経て、2023年8月、ようやく2023年デジタル個人データ保護法（Digital Personal Data Protection Act, 2023）が成立しました。デジタル個人データ保護法は中央政府によって官報に告示される日に発効するとされており、本書の執筆時点では未発効です[18]。

今後インドでも個人データ保護に対する社会的認識はますます高まっていくものと思われます。インド政府にとっては、個人データ保護とデータの利活用をどのように図っていくかが大きな課題となっています[19]。日本企業においては、2023年デジタル個人データ保護法とそれを具体化する下位規則の制定動向、さらには実際の運用状況を注視しつつ、社内における個人データ保護規制の遵守体制を構築することが求められています。

⑷　不 動 産

以下では、インドの不動産に関する法制度について概観した

後、日本企業が不動産投資を行う際に留意すべき事項について説明します。

a 不動産に関する法制度
(a) 法　令

インド憲法上、不動産に関しては、土地に関する権利、賃貸人と賃借人の関係、賃料の徴収等は州政府の管轄事項（ステイトリスト事項）とされ、他方、不動産（農地以外）の譲渡や証書の登録は連邦政府と州政府の共同管轄事項（コンカレントリスト事項）とされています。そのため、不動産の取引に関するルールは州によって異なり得ることに留意が必要です。

不動産に関係する重要な連邦法としては、1882年財産譲渡法、1908年登録法、1899年印紙税法、1999年外国為替管理法および統合版FDIポリシーなどがあります。

(b) 不 動 産

1897年一般条項法では、不動産（immovable property）は、「土地、土地から生じる便益、および地面に付属している物又は地面に付属している物に恒久的に固定されている物」と定義されています。この定義から明らかなとおり、インドでは土地と建物（上記の「地面に付属している物」に含まれます）は別個の不動産として扱われています。この点は日本と同じですが、多くの他のコモン・ロー国とは異なる特徴となっていることに留意が必要です。

インドでは、土地は農地と非農地に分類されます。いくつかの州では、農地の所有が認められるのは個人のみとされている

ため、そのような州で企業が農地を取得しようとする場合には、売却に先立って非農地へ用途転換することが必要となります。

(c) **不動産に関する権利**

インドでは、旧宗主国の英国とは異なり、私人が土地を所有すること（土地所有権）が認められています。

完全な所有権（freehold）を有する者は、あらゆる合法的な目的のために不動産を利用することができ、また第三者へ譲渡することができます。

freehold以外にも、不動産の利用を目的とする権利として、リース権（leasehold）とライセンス（license）があります。リース権は、賃貸人との間で締結されるリース契約に基づいて一定の目的のために不動産を排他的に利用することができる権利であり、譲渡することが可能です。他方、ライセンスは、排他的でない形で不動産を利用することができる権利であり、ライセンスの付与を受けた者のみに認められる属人的な権利であって、譲渡することはできません。

また、土地には、通行や眺望を確保する目的のために、他人の土地で当該他人に一定の作為又は不作為を要求する権利である地役権（easement）を設定することができます。さらに、ローン債務の返済を担保するために抵当権（mortgage）やチャージ（charge）[20]と呼ばれる担保権を設定することができます。

(d) **不動産に関する権利の登録**

日本では、法務局が不動産ごとに現況と権利関係を公示する

不動産登記制度が整備されています。インドでも、不動産に関して登録制度が存在します[21]が、インドの不動産登録制度は、日本の不動産登記制度と大きく異なる特徴があります。インドの不動産登録制度で登録される事項は、不動産ごとの権利関係（誰が所有者であるか）ではなく、不動産の取引に関する一定の文書です。1882年財産譲渡法と1908年登録法により、不動産の取引に関する以下の文書の登録が義務付けられており、登録を怠ると、当該取引は効力を有しないとされています。

・不動産に関する100ルピー以上の権利の設定、移転、消滅等に関する契約書
・リース期間が１年以上の不動産リース契約書

　土地の所有権や土地の「用途」の性質は、「プロパティカード」に記載されています。プロパティカードは州の現地語で作成されており、その様式も州によって異なりますが、基本的な発想は同じです（[図表４－11]）。一部の州では、プロパティカードは、州政府の土地記録ポータルからオンラインでアクセスすることが可能となっています（[図表４－12]）。

　プロパティカードには土地の所有者の記載がありますが、前述のとおり登録されている事項は、あくまでも個々の不動産取引に関わる取引文書であるため、登録事項を見ただけでは直ちには誰が権利者であるかを確認することはできません。

　インドで土地を取得しようとする場合には、売主の所有権原を確認する必要がありますが、そのためには売主が前主との間で締結した売買証書（による所有権の正当な移転）を確認し、さらに当該前主とその前々主との間の売買証書（による所有権の

第4章 | インドビジネスに関する法務

[図表4-11] プロパティカードの例①（電子化以前のもの）

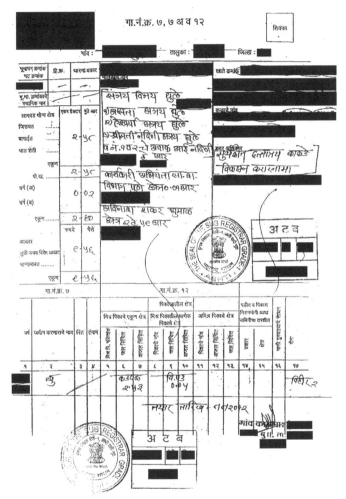

出所：土地登録所のデータより

[図表4-12] プロパティカードの例② (電子化以後のもの)

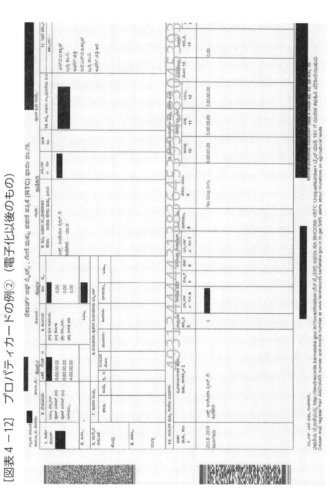

出所：土地登録所のデータより

正当な移転）を確認するというように、売買証書（による所有権の正当な移転）の連鎖を遡って確認していくという作業（不動産権原のデューデリジェンス）が必要となります。この点については、後述します。

ただし、一定の場合（100ルピー未満の不動産の売買や1年未満のリース期間を設定した不動産のリース）については、取引文書の登録義務は課されていないため、不動産登録所に売買証書やリース証書が登録されていない場合であっても、所有権原やリース権が存在しないと直ちに断定することはできないことに留意が必要です。文書の登録がなくても、1年未満の不動産リース契約が締結されているということがあり得ますので、意図せざる占有者がいないかを現地調査することは必要となります。

(e) **不動産の取得方法**

不動産の主たる取得方法は、不動産所有者（売主）と買主との間の売買契約です。不動産の売買契約も基本的には不動産以外の物を対象とする売買契約と同じですが、前述のとおり、不動産の売買の場合には、一定の場合（100ルピー未満の不動産の売買の場合）を除き、売買証書を作成してこれを契約締結日から4か月以内に登録所に登録することが義務となっています。登録を行わない場合には、不動産の移転は効力を生じません。

不動産を取得する場合は通常、不動産所有者（売主）と直接やりとりをして取得するか、あるいは、不動産仲介業者を介して行うことになります。不動産を取得しようとする日本企業が不動産仲介業者を用いることの利点は、仲介業者は特定の地域

で業として不動産仲介を行っているため、現地の人々によく知られており、不動産取引の迅速な完了が期待できることにあります。しかし、インドの不動産仲介業者と不動産の取得者である日本企業とでは、リスク負担の期待値が異なる（すなわち、土地仲介業者は日本企業よりもリスクの許容性が高い）ため、不動産仲介業者を起用する場合であっても独自の不動産の権原デューデリジェンスを実施することが必要です。

(f) **外資規制**

① **不動産の取得に対する外資規制**

インド国外に居住している者（非居住者）がインド国内の不動産を取得することは、原則として禁止されています。

他方、インド国内の居住者については、原則として、自由に不動産を取得することが認められています。インド法人であれば、株主が外国人や外国企業であっても、インド国内の居住者とみなされますので、日本企業がインドで不動産を取得しようとする場合には、インド法人を設立するか、インド現地企業と合弁会社を設立してから不動産を取得するという手順を踏むことが必要となります。

② **株式等の取得に対する外資規制**

(i) 外国直接投資が禁止されている分野（不動産業）

1999年外国為替管理法とそれに基づく規則、統合版FDIポリシー、随時発行されるプレスノートにより、「不動産業（real estate business）」への外国直接投資は禁止されています。「不動産業」としては、不動産販売業が典型ですが、不動産賃貸業や不動産仲介業はこれに含まれません。また、建設開発プロ

ジェクトも「不動産業」からは明示的に除外されています。

(ii) 不動産開発業

●建設開発プロジェクト

　タウンシップの開発、住宅や商業施設、道路、橋、ホテル、リゾート施設、病院、教育機関、レクリエーション施設、インフラ設備、タウンシップの建設は、「建設開発プロジェクト」とされ、これらへの外国直接投資は、自動ルートで100％まで出資が認められます。ただし、外国直接投資を行う場合には、プロジェクトからの撤退に関して一定の制限が課されています（[図表4－13]）。

●工業団地

　産業活動のための区画である工業団地（Industrial Parks）の開発プロジェクトについては、外国直接投資は自動ルートで100％までの出資が認められます。また、建設開発プロジェクトに対して適用されるロックイン期間の制限は、工業団地には適用されません。何が「工業団地」に該当するかは、統合版FDIポリシーで規定されています。

[図表4－13] 外国直接投資による建設開発プロジェクトに対する制限（ロックイン期間）

プロジェクト完了前の撤退	プロジェクト完了後の撤退
投資完了後3年間（ロックイン期間）が経過した後でなければ撤退できない（ただし、ロックイン期間中においても、投資をインドから引き揚げない限り、インド非居住者が他の非居住者に対しプロジェクトを譲渡することは可能）	制限なし（いつでも自由）

(iii) 不動産管理業、不動産仲介業

外国直接投資に関する規制はありません。

b インドで不動産を取得する際の留意事項
(a) 瑕疵のない不動産の所有権の取得
① 瑕疵のない不動産の所有権を取得できる保証はないこと

一般に、不動産を取得する際には、瑕疵がない完全な所有権を取得することが重要です。これを欠く場合には、当該不動産の市場価値を実現することが困難になるだけでなく、第三者から所有権等の権利を主張されて訴訟リスクを負うことになりかねません。インドでは、「Caveat emptor（買主、注意せよ）」の原則があるため、買主が自らの責任において、取得しようとする不動産の所有権に瑕疵がないことを調査することが求められます。

しかし同時に、インドでは完全に瑕疵のないことが保証された不動産所有権を取得することは困難であることを認識する必要があります。前述のとおり、インドの不動産登録制度は、不動産の取引に関する一定の文書（売買証書など）を登録するものであるため、売主となる者が瑕疵のない完全な所有権を保有していることを確認するためには、売買証書による所有権の移転の連鎖を過去に遡って確認していく作業が必要となります。しかし、当該不動産に関する過去の売買証書のうち一部が欠けてしまっているということも多くありますし、また、売買証書は登録されているものの、実際には売買代金が未払いであったり、売買契約の前提条件が充足されていなかったりすることに

より、実際には所有権移転の効力が生じていなかったということもあり得ますが、そのような事実は登録されている売買証書を見るだけでは把握することはできません。また、一定の場合（100ルピー未満の不動産の売買や１年未満の期間のリース設定の場合）には取引文書の登録義務がないため、不動産を取得したところ、予期していなかったリース権が付着していたといった事態も起こり得ます。

したがって、現実的には、インドで不動産を取得しようとする日本企業は、完全に瑕疵のない所有権を取得することは不可能と考えるぐらいで臨む必要があります。その前提で、いかなるリスクであれば、いかなる限度で許容することができるかを考えながら、具体的事案に適したリスク軽減の方策を探求することが必要となります。

② リスク軽減のための方策

リスクを軽減する方策の代表的なものは売買契約書でリスクヘッジを図ることですが、必ずしも実効性のある救済にはなりません。そこで、契約に先立って不動産の権原調査（不動産デューデリジェンス）を実施することが重要となります。不動産の調査には専門性が必要であるため、不動産分野における経験豊富な弁護士に依頼する必要があります。また、不動産に関する契約書や証書は現地語で作成されていることが多いため、現地語を理解する弁護士（多くの場合、対象となる不動産が所在する州の弁護士）に依頼することをお勧めします。

不動産の権原調査には、以下の二つの要素があります。
・関係する文書を確認する（文書デューデリジェンス）

・現地を見分して、不動産の存在と現状の利用状況を物理的に確認する

まず、文書のデューデリジェンスですが、理屈上は、最古の所有権原を確認できるまで取引の連鎖を遡る必要がありますが、そのようなことは非現実的です。実務上は、30年から40年（場合によってはそれ以上）、遡って確認を行うことが一般的です。

しかし、前述のとおり、登録されている記録が不完全である場合もあり、実際には権利の確認に支障を来すことも少なくありません。いくつかの州では、土地の記録をデジタル化し、登録事項をオンラインで閲覧することが可能となっていますが、これも2000年代初頭以降の期間しか網羅されていないため、それ以前の記録を確認するためには依然として登記所に出向いて紙ベースの文書を確認する必要があります。

また、前述のとおり、現地の利用状況を必ず確認し、完全な所有権を妨げるような権利（リース権、ライセンス、地役権）の存在がうかがわれる事情がないか（土地を占有している者がいないかなど）を確認することが必要です。

以上の土地権原のデューデリジェンスに加えて、取引実行前に、取引を予定している事実を全国紙や地方紙に公告することも行われています。

(b) **土地の用途制限**

不動産開発を行おうとする場合に実施する不動産デューデリジェンスにおいては、土地の開発可能性を確認することも重要です。開発可能性とは、対象となる土地で実施可能な開発工事

の金額や性質、かかる土地上の開発の性質をいいます。例えば、土地上で行う開発は、当該土地を含む現地の自治体（州政府や市町村）が策定する開発計画（マスタープラン）に従ったものでなければならないとされている場合があります。また、開発者が住居目的又は商業目的で敷地上に建物を建設する場合、建設する建物の延べ床面積は、州政府が定める床面積率（Floor Space Index：FSI）（又は容積率（Floor Area Ratio：FAR））以内でなければなりません。具体的な床面積率は都市ごとに異なります。州政府が定める床面積率を超えた建物を建設しようとする場合には、他の土地における容積率の未利用分（譲渡性開発権（Transferable Development Right：TDR））を譲り受けることが必要となります。

(c) **既存の負債**

不動産の開発を行う場合、現在の開発者（又はそのスポンサー）が負っている既存の負債の内容を把握することが必要です。これらの負債としては、既存の顧客や貸付人等に対して負う金銭債務などが考えられます。

また、対象となる不動産に担保権（抵当権やチャージ）が設定されていないかを確認することも必要です。さらに、売主が前主との間で締結していた売買契約において誓約（covenants）という形で一定の行為を行うこと又は行わないことを約束している場合があります。例えば、土地の利用を特定の用途に限定したり、将来の土地の譲渡を制限したりする内容などがあり得ます。一定の行為を行わないことを内容とする誓約（negative covenants）については土地の所有権の移転とともに承継され、

将来の買主に対しても効力を有しますので、注意が必要です。

　不動産の取得や開発に当たっては、このような不良資産ないし不良プロジェクトを取得してしまうことがないよう、担保権や負債の範囲について事前に適切なデューデリジェンスを行う必要があります。

(d) **不動産取引と課税**

　不動産取引においても、税務インパクトの検討は不可欠です。不動産取引における所得税は、売主と買主の両面から重要です。まず、売主については、不動産取引によって得る利益（売却益）がキャピタルゲイン税の課税対象となります。キャピタルゲイン税の税率は、不動産の保有期間に応じて異なります。次に、買主については、不動産を取得することによって即時に税務効果が生じることはありませんが、将来に当該不動産を売却する際には、その売却益に対してキャピタルゲイン税が課税されますので、将来的な課税への影響を見込んでおく必要があります。したがって、売主のキャピタルゲインを最小限に抑えつつ、買主への中長期的な影響を考慮した適切なストラクチャリングを行うことが求められます。

　不動産に係る権利や持分を譲渡する文書は、印紙税の課税対象となります。印紙税の税率は州政府の管轄事項であるため、それぞれの州法において定められています。印紙税が不納付であった場合には、その契約書は裁判所で証拠能力が認められないため、契約書に基づいた請求ができなくなってしまうことは前述したとおりです。

　また、前述のとおり、不動産取引においては、不動産に係る

権利や持分を譲渡・設定する文書を現地の土地登録所に登録することが義務付けられており、この登録に当たっては、登記所に登録手数料を支払うことが必要となります。

《注》
1　2024年6月7日時点で、日系の銀行では三菱UFJ銀行、みずほ銀行、三井住友銀行がAD Category-I Bankの認可を受けています。
2　農業環境の中にある建物であって居住用に用いられるものをいいます。
3　本書執筆時点の最新の年次統合版FDIポリシーは、2020年10月15日付けで発行され、同日付けで施行されたものです。年次統合版FDIポリシーは、随時発行されるプレスノートによって改正されます。
4　インドの株式有限会社は、日本の株式会社と類似しますが、日本の株式会社では、株主は1名以上であれば足り、取締役は1名以上（取締役会設置会社では3名以上）置けば足ります（日本の会社法326条1項、331条5項）。なお、インドでも、2013年会社法により、1名の株主から構成される会社である「一人会社」という形態が認められました（会社法2条62項）が、一人会社における株主は自然人が想定されており、会社などの法人を株主とすることは認められていません。
5　これに対し、日本の会社法では取締役の居住要件は定められておらず、取締役全員を非居住者とすることも可能となっています。
6　開催時期が遅延した場合には、会社に対してのみならず、遅延に責任がある取締役に対しても罰金が科せられます。日本企業が自社の役職員を現地法人に取締役として派遣しているケースも多いですが、このようなケースで株主総会の開催遅延があった場合、その派遣取締役に対しても罰金が科せられることがあり得ますので、留意が必要です。
7　オリジナルのMaster Directionは2019年3月26日に発出されていますが、その後頻繁に改定がなされています。その時点の最新版の確認が必要であることにご留意ください。
8　貸付人となる銀行において、要件該当性の審査がなされます。

9　日本法においては、「契約」とは、当事者が互いの法的権利義務を発生させるための約束事をいいますが、その有効要件として約因（consideration）は必要とされていません（例えば、贈与契約では対価の授受は生じません）。
10　日本法においては、印紙を適式に貼付していない契約書であっても、その一事をもって証拠能力が否定されることはありません。
11　ここでいう「株式等」（equity instruments）とは、インド企業が発行する株式、債券、優先株式、新株予約権をいいます。
12　価格設定ガイドラインは、株式等の価格に関する規制であり、事業譲渡や資産譲渡の譲渡対価には適用されません。また、会社分割における対価についても、会社分割によって外国株主に分割承継会社の株式が割り当てられた場合を除き、価格設定ガイドラインは適用されません。
13　Reserve Bank of India, Master Direction No.11/2017-18 – Foreign Investmnet in India.
14　なお、価格設定ガイドラインによる譲渡価格の規制に加えて、1961年所得税法と同法に基づく規制が定める資産評価ルールの遵守が求められます。
15　譲渡実行日から遡って90日以内に作成された株式価値評価証明書（valuation certificate）をインド準備銀行に提出することが求められます。
16　労働関連の連邦法を統一するために2019年から2020年にかけて制定された四つの新法では、ジェンダー中立性の観点から、「ワークマン」に代えて、「ワーカー（worker）」の呼称が用いられています。
17　会社の営業秘密を取り扱う従業員に対しては、雇用期間中、雇用契約によって秘密保持義務を負わせ、退職時には秘密保持誓約書を取得して、退職後も会社の営業秘密に関して秘密保持義務を負うようにしておくことが不可欠です。
18　デジタル個人データ保護法が発効されるまでの間は、インドにおける個人データ保護は既存の法的枠組（IT法とIT規則）によって担われることになります。
19　2019年個人データ保護法案では、データローカライゼーション要件（インド人の個人データを取り扱う者に対して、国外への移転の不実施や当該データのコピーを保管しておく等の方法によって、当

該個人データをインド国内に保管しておくことを義務付けること）が規定されており、多くの非難を惹起していました。最終的に制定されたデジタル個人データ保護法では、データローカライゼーション要件は規定されていません。
20 抵当権とチャージは、権利の移転の有無と権利実行の手続において相違します。抵当権は、目的物の権利が抵当権設定者から抵当権者へ移転しますが、チャージでは権利の移転は生じません。また、抵当権者が抵当権を実行しようとする場合には、抵当権設定者に対して通知するだけで足り、裁判所の手続を要することなく目的物を処分・換価することができますが、チャージを実行するためには、裁判所への申立てを行って目的物の売却命令を取得する必要があります。
21 インドでは、登録制度は州ごとに存在し、全国統一の登録制度は存在しません。

第 5 章

インドビジネスに関する課税

インドでビジネスを行うに当たっては、法務や規制上の考慮に加えて税務上の考慮が非常に重要です。本章では、インドビジネスに関係する課税のうち、主要なものについて説明します。もっとも、補助金や助成金の類を含めて税務関係は非常に複雑であり、かつ改正が頻繁であるため、最新状況の詳細については必ず現地の専門家に確認していただく必要があることにご留意ください。

1 直 接 税

(1) 所 得 税

インドにおける直接税の一形態である所得税(個人所得税と法人所得税)は、1961年所得税法に基づいて課税されます。

所得税法では、課税所得の決定、納税義務、税制優遇措置や免税措置、課税手続、不服申立て、罰則といった事項が規定されています。

a 課税所得
所得税において課税対象となる所得としては、以下が含まれます。
・給与所得(個人の場合)
・不動産収入
・事業収入
・キャピタルゲイン

・その他の収入（上記に含まれないその他の収入）

b 法人所得税

(a) 課税範囲

内国法人（インド居住者）は、あらゆる源泉から生じる全世界所得に対して課税されます。他方、外国法人（インド非居住者）は、インドでの国内源泉所得（インドでの事業関係、インド国内の源泉、又はインドに所在する資本資産の譲渡を通じて得た所得）に対して課税されます（[**図表5-1**]）。

(b) 税　率

インドの内国法人と外国法人に対しては、所定の基本税率により法人所得税が課税されます。基本税率は、内国法人の場合が15〜30％、外国法人の場合が40％です。これに加えて、法人所得税に対してサーチャージ（課徴金）が課税され、さらに、法人所得税とサーチャージの合計額に対して健康教育目的税（cess。税率4％）が課税されます。

(c) 欠損金の繰越しと相殺

欠損金と減価償却費の繰越控除（Unabsorbed Tax Depreciation）は、一定の条件の下で繰り越すことができ、翌年以降の所得と相殺することが認められています（[**図表5-2**]）。

[図表5-1] 法人所得税の概要

法人の性質	課税範囲
内国法人（インド居住者）	全世界所得
外国法人（インド非居住者）	インドでの国内源泉所得

[図表 5 − 2] 欠損金の繰越

損失の性質	繰越期間
事業損失(投機事業損失を除く)	8年
投機事業損失	4年
キャピタル・ロス(長期および短期)	8年
減価償却費の繰越し	制限なし

(d) 税制上の優遇措置

インド政府は、国内製造業やスタートアップの振興策として、様々な政策イニシアティブを打ち出していますが、このような中で、税制上の優遇措置や恩恵は、外国からの投資を誘致する上で重要な役割を果たしています。税制上の優遇措置や恩恵には、例えば法人所得税の免除、税率の引下げなどがあります。

税制優遇措置の内容は、地域によって、また時期によって異なるため、事業内容を考慮した上でその時点の最新の情報を確認するようにしてください。

c 個人所得税

個人所得に対しては個人所得税が課税されます[1]。個人所得税は、課税対象者の居住状況によって課税範囲が決定されます。ここでいう居住状況は、所得税法に従って、インドに実際に滞在しているかどうかにより決定されるものであって、インドの滞在目的とは無関係です。個人の居住状況は、課税年度ごとに決定されます。

第5章 | インドビジネスに関する課税

[図表5－3] 居住状況と課税範囲

居住区分		定義	課税範囲
居住者	通常の居住者（ROR）	以下(a)(b)のいずれかに該当し、かつ、下記(i)(ii)のいずれにも該当しない場合 (a) 該当する課税年度に182日以上インドに滞在している (b) 該当する課税年度に60日以上、かつ、該当する課税年度の直前の4課税年度に合計365日以上、インドに滞在している	・インド国内を含む全世界所得（その取得の受領場所を問わない）
	非通常の居住者（RNOR）	上記(a)又は(b)に該当し、かつ、以下(i)(ii)のいずれかに該当する場合 (i) 居住状況が決定される課税年度前の過去10課税年度のうち9課税年度でインドの非居住者である (ii) 居住状況が決定される課税年度前の過去7課税年度におけるインドでの滞在が729日以下である	・インドで発生した所得 ・インドで発生したとみなされる所得 ・インドで受領した所得 ・インドで受領したとみなされる所得 ・インドで管理される事業やインドで設立される団体から生じた所得
非居住者（NR）		居住者に該当しない場合（上記(a)(b)のいずれにも該当しない場合）	・インドで受領した所得 ・インドで受領したとみなされた所得 ・インドで発生した所得 ・インドで発生したとみなされた所得

個人の居住状況としては三つの類型があり、それぞれの課税範囲は［図表5－3］のとおりとなっています。

　d　最低代替税（Minimum Alternate Tax）

　十分な利益を挙げている法人であっても、税額控除や優遇措置を享受する結果として、所得税をほとんど支払う必要がなかったり、極端な場合には所得税の全額を支払わないで済むという事態が起こり得ます。このような場合への対処として、インドでは所得税法上、最低代替税（Minimum Alternate Tax：MAT）という、日本にはない制度が存在します。すなわち、所得税法は、会計年度の帳簿上の利益に一定の所定項目を加算および控除した利益額（調整後帳簿利益）の15％[2]に相当する額を最低代替税（MAT）と定めた上で、原則として全ての法人は、①所得税法上計算された支払税額と②最低代替税（MAT）の税額のいずれか高い方について支払義務を負うとしています。ただし、所得税法所定の15％又は22％の軽減税率の適用を受けることを選択した会社は、最低代替税（MAT）を課されません。

　e　移転価格税制

　所得税法上、いずれか一方又は双方の当事者がインド非居住者である関連企業（Associated Enterprise）間の取引（国際取引）における価格は、独立企業間原則（Arm's Length Principle）に基づいて計算された独立企業間価格（Arm's Length Price）でなければならないとされています。関連企業間の国

際取引における価格が独立企業間価格とは異なる価格で行われた場合には、これによる所得の海外流出を防止するため、その取引が独立企業間価格で行われたものとみなして課税所得を計算した上で所得税の課税がなされます（移転価格税制）。ここでいう「関連企業」とは、株式投資、経営への参画、取締役会の支配、融資・保証の提供などの手段を通じて直接的又は間接的に他の関連企業を支配している企業・法人をいいます。現在のところ、所得税法は、独立企業間価格について特定の算定方法を定めていないため、納税者は、独立価格比準法、再販売価格基準法、原価基準法、利益分割法、取引純益法又は「その他の方法」の六つの方法の中から最も適切と考える方法を自ら選択して独立企業間価格の算定を行い、所得税の申告を行うことになります。

f 一般的租税回避防止規定（GAAR）

所得税法には、法が予定していない異常又は変則的な法形式を用いて税負担の軽減を図る租税回避行為[3]に対処するものとして、一般的租税回避防止規定（General Anti-Avoidance Rule：GAAR）が定められています。これによると、私法上有効な取引であったとしても、①取引の主たる目的が租税上の利益を得ることであり、その取引が対等でない場合、②直接又は間接を問わず、租税規定を悪用する結果となる場合、③商業的な実質を欠く場合、④善意の目的のためには通常用いられない方法によって行われる場合には、許容し難い回避行為（Impermissible Avoidance Arrangement）とみなされて、所得税法や

租税条約に基づく税務上の優遇を受けることができないとされています。

g　事業の実質的管理支配地

前述のとおり、課税の範囲や適用税率を考える上では、その法人が内国法人であるか外国法人であるかの判断が重要となります。一般に、法人の居住地をどのように判断するかについては、①日本のように本店所在地の所在地国を基準にする考え方（本店所在地主義）、②法人の設立時に準拠した法律を基準にする考え方（設立準拠法主義）、③当該法人が管理・支配されている国を基準にする考え方があります。インドでは、インドで設立された会社又はインドに実質的管理支配地（Place of Effective Management：PoEM）がある会社は、インドの内国法人とみなされます。実質的管理支配地（PoEM）とは、法人全体の事業運営に必要な重要な経営上・商業上の意思決定が行われる「場」を指します。法人の居住状況は毎年決定されるため、実質的管理支配地（PoEM）も毎年決定されます。実質的管理支配地（PoEM）がインド国内にあれば、インドの居住法人として、全世界所得が課税対象となります。このように、実質的管理支配地（PoEM）という概念を設ける主な目的は、インド国外で設立されたものの、実質的にはインドで管理・運営されている外国企業がインドでの課税を免脱することを防止することにあります。

h　所得税の申告義務

課税期間（Financial Year）は、毎年4月1日から翌年3月31日までとなっています。インドで課税所得がある者は、申告期限までに所得税を申告する義務があります。所得税の申告は、税務当局のウェブポータルを通じてオンラインで行います。

(2) 源泉徴収税

インド国内で国内源泉所得の支払を行う場合、その支払に際して、原則として所得税を源泉徴収しなければなりません（源泉徴収税（Tax Deducted at Source：TDS））。

インド非居住者に対して支払を行う場合、例えば、インド企業に投資した外国企業（例：日本から投資を行った場合の日本企業）は、移転価格規制が遵守されることを条件として、配当金、ロイヤリティ、技術サービス料、利子所得などの形で、インドでの所得や利益を本国（日本）へ送金することができますが、この場合にも源泉徴収がなされます。

インドで得た所得や利益を本国に送金する際の源泉徴収税（TDS）の課税税率については所得税法に定められていますが、一定の要件を満たす場合には租税条約に規定された軽減税率の適用を受けることができます（［図表5-4］）。

インド法人は、外国へ送金を行うに当たって、所得税法又は租税条約のいずれか有利な方の税率によって源泉徴収をしなければならないとされています（所得税法上、居住者への支払の場合には、源泉徴収が不要となる免税金額閾値が定められていますが、非居住者への支払の場合には、そのような免税金額閾値は定め

[図表5－4] 源泉徴収税の課税税率

外国法人が受領した所得	所得税法に基づく場合の税率	日・印租税条約に基づく場合の税率
配当所得（注）	20％にサーチャージと健康教育目的税が加算された税率	10％
ロイヤリティ技術サービス料（FTS）	20％にサーチャージと健康教育目的税が加算された税率	10％
利子所得	20％にサーチャージと健康教育目的税が加算された税率	10％

注：配当については株主において課税がなされます。

られていません）。

　源泉徴収を行う者はあらかじめ源泉徴収番号（Tax Deduction Account Number：TAN）を取得する必要があり、支払先の納税者番号（PAN）と自身の源泉徴収番号（TAN）を紐付ける必要があります。

【日・インド租税条約】

　租税条約は、納税者が一方の国の居住者でありながら他方の国で所得を得た場合に、同一所得に対してなされる二重課税を軽減すること（国境を超えた経済活動に対する課税権を調整すること）を目的としています。

　日本はインドとの間では、1989年に日・インド租税条約が締結されています（同年に発効、2006年および2016年に改正）。

　租税条約の適用を受けるためには、支払受取人である非居住

者(日本企業)が租税条約の相手国(日本)の居住者であることを証明する居住者証明書(TRC)を取得する必要があります。

　日・インド租税条約の下における二重課税の防止の仕組みは、次のとおりです。例えば、インド企業が日本企業から技術的サービスの提供を受けた場合、インド企業はサービス料の支払に際し、10％の源泉徴収を行い、インドで納税します。他方、サービス料の受取人である非居住者(日本企業)は、源泉徴収された後のサービス料額の支払を受けます。そして、日本で法人所得税を納付する際に、インドで源泉徴収された税金について租税条約に基づく届出書を提出することにより、控除限度額の限度で外国税額控除を受けることできます。

(3) キャピタルゲイン(譲渡益)課税

　株式や不動産等、一定の資産(Capital Asset)を譲渡した場合に発生するキャピタルゲイン(譲渡益)に対しては、保有期間に応じて「長期キャピタルゲイン」又は「短期キャピタルゲイン」が課税されます(キャピタルゲイン課税)。長期キャピタルゲインとみなされる保有期間は、上場株式の場合は12か月超、非上場株式の場合は24か月超、その他の資産の場合は36か月超です。非居住者(例えば日本法人)が、従前保有していたインド企業の株式を売却することを想定した場合に適用されるキャピタルゲイン課税の税率は、[図表5－5]のとおりです。

[図表5-5] キャピタルゲインと適用税率

インド企業の株式を売却することにより発生するキャピタルゲイン	所得税法に基づく場合の基本税率(注1)
非上場会社の株式の譲渡益	長期キャピタルゲイン：12.5% 短期キャピタルゲイン：通常の法人所得税率（～35%）
上場会社の株式を市場外売却した場合の譲渡益(注2)	長期キャピタルゲイン：12.5% 短期キャピタルゲイン：通常の法人所得税率（～35%）
上場会社の株式をインドの証券取引所を通じて売却した場合の譲渡益（証券取引税が支払われる場合）	長期キャピタルゲイン：12.5% 短期キャピタルゲイン：20%

注1：基本税率には、サーチャージと健康教育目的税が別途加算されます。
注2：インド証券取引所を経由しないため、証券取引税の支払は不要です。
注釈：上記の税率および保有期間は、2024年7月23日より適用されています。

2 間接税

従前、インドにおける間接税は、取引の種類に応じて付加価値税や中央物品税、商業税などが中央政府や州政府によって課税されるという極めて複雑な状況を呈していました。しかし、2017年7月に、物品・サービスに対する間接税が「物品・サービス税」（Goods and Service Tax：GST）に統一されたことで、

間接課税の簡素化が大きく進展しました。

(1) **物品・サービス税（GST）**

a 種　類

GSTは、日本でいうところの消費税に相当し、物品・サービスの消費者に価格の一部として転嫁されます。GST制度は、①州内取引（供給者の所在地と供給場所が同一の州内である取引）に対して中央政府によって課税される「中央GST」（CGST）と州政府によって課税される「州GST」（SGST）、また、②州際取引（供給者の所在地と供給場所が異なる州である取引）に対して課税される「統合GST」（IGST）から構成されています。「統合GST」は、中央政府によって課税され、仕向先の州に配分されます（[図表 5 - 6]）。

GST制度では、物品・サービスの「供給」が課税対象として扱われ、州際の供給と州内の供給には異なる税率（州際の供給には「統合GST」、州内の供給には「中央GST」と「州GST」が半分ずつ）が適用されます。

原則として、インド国外からインド国内への商品・サービスの「輸入」は、（関税に加えて）「統合GST」の課税対象となり

[図表 5 - 6] GSTの概要

取引の形態	課税取引		
	州内取引		州際取引
名称	州GST	中央GST	統合GST
課税者	州政府	中央政府	

ます。他方、インド国内からインド国外への物品・サービスの「輸出」は、GST制度の下では課税されない「ゼロ税率」供給として扱われます。

b 税　　率

課税税率は物品・サービスによって異なっており、5区分の税率が定められています。ほとんどの物品・サービスには18％の税率が適用されますが、一部の物品・サービスには、0％（免除）、5％、12％、28％のいずれかの税率が適用されます（[**図表5－7**]）。

c GSTの申告

一定額以上の売上高があるインド国内の企業は、各州においてGST登録とGST申告を行うことが義務付けられています。GST申告に当たって提出する申告書には、販売や購入（仕入れ）、販売に際して徴収した税金（アウトプットタックス）、購入（仕入れ）に際して支払った税金（インプットタックス）についての詳細を記載します。GST申告書の提出期間は、納税者の売上高や事業内容によって異なりますが、月次、四半期、年次での申告書の提出がそれぞれ必要となります。

通常の取引では物品・サービスの提供者がGSTを納税しますが、一定の場合には、「物品・サービスの受領者」がGSTを支払う義務を負うことがあります（リバースチャージスキーム）。リバースチャージの対象となるのは、リーガルサービスに対する報酬やサービスの輸入に対して支払われる代金などです。こ

[図表5-7] 物品・サービスのGST税率

課税税率	物品の例	サービスの例
0%（免除）	牛乳、卵、ラッシー、野菜、塩、食品穀物（包装済み・ラベル貼付済みのものを除く）、電気エネルギー、新聞	教育、医療、ヘルスケア、居住用建物の賃貸
5%	砂糖、茶、コーヒー（インスタントコーヒーを除く）、焙煎コーヒー豆、1,000ルピー以下のアパレル製品、漁網・釣針、石炭、航空機エンジン、バイオガス	物品輸送、鉄道、エコノミークラスの旅客航空輸送、電子書籍サービス、書籍の印刷、ツアーオペレーター、航空機や船舶の修理
12%	バター、チーズ、アーモンド、フルーツジュース、加工食品、1,000ルピーを超えるアパレル製品、スポーツ用グローブ、自転車	労働、ビジネスクラスの旅客航空輸送、電気通信、金融、ホテル、専門職／コンサルティング（それぞれのサービス内容に応じて異なる税率が適用される）
18%	アイスクリーム、チョコレート、パスタ、コーンフレーク、スープ、ヘアオイル、歯磨粉、せっけん、印刷機、印刷用インク、フォークリフト、荷役機械、ラジオ・テレビ放送用送信機	
28%	エアコン、冷蔵庫、食器洗い機、デジタルカメラ、32インチ超のモニター、自動二輪車、ヨット	オンラインゲーム
28%＋cess	高級自動車、パンマサラ、葉巻	カジノ、レースクラブ、スポーツイベントの入場料、ギャンブル

の場合には、物品・サービスの受領者はGST相当額を控除した上で物品・サービスの提供者に対して代金を支払い、受領者がインド税務当局に対してGSTの納税を行います。

d　出向者給与の精算とGST課税

インドで事業展開している日本企業の中には自社の従業員を出向の形でインド現地法人に派遣している会社が多くあります。出向従業員は日本企業との雇用契約を維持しつつ、インド現地法人との間でも雇用関係を有すること（在籍出向）が一般的です。この場合、日本企業が出向従業員に対して給与を支払った後、その全部又は一部をインド現地法人から払戻し（精算）を受けるということが行われています。このような出向においては日本企業がインド現地法人に対して「人材供給サービス」を提供しているものとして、その対価に当たる出向者給与の払戻しがGSTの課税対象となるかが問題となっていました[4]。これについては、2022年にインド最高裁判所が判決を下し、一応の解決がなされています。すなわち、最高裁判所は、当該事案における出向の具体的な取決め内容を検討した上で、出向者給与の払戻しは人材供給サービスに該当すると判示しました。この判決を前提にすれば、GST課税を免れるためには派遣従業員とインド現地法人との雇用関係のみとすること（日本企業との雇用関係を維持しない、いわゆる転籍）が考えられます[5]が、このようなスキームを採用するためには、実務的には、インド現地法人へ派遣される従業員の意向、税負担の増加の有無、社会保障の受給資格維持の可否などへの留意が必要です。

(2) 関　税

関税はインドへの貨物の輸入の際に課税されます。①貨物の種類ごとに関税率が定められている基本関税（Basic Custom Duty）、②基本関税に対する一定の割合で課税される社会福祉課徴金（Social Welfare Surcharge）、③「統合GST」（IGST）、GST補償税（GST Compensation Cess）等から構成されます。標準税率は、統合GSTとGST補償税を含んで28.84％ですが、実際の税率は商品内容によって異なる場合があります。

(3) 中央販売税（CST）と付加価値税（VAT）

原油、高速ディーゼル、モータースピリッツ（ガソリン）、天然ガス、航空タービン燃料およびアルコール飲料についてはGSTの課税対象外とされているため、旧法の下での間接税（中央販売税や付加価値税）が引き続き課税されます。中央販売税は、州をまたぐ物品の取引に対して中央政府によって課税され、付加価値税は、州内での物品の販売に対して州政府によって課税されます。

(4) 印 紙 税

印紙税は、取引に影響を与える文書に対して課税されるものです。印紙税については、第3章の1(3)bをご参照ください。

《注》
1 個人所得税とは別に、一部の州においては、州内で医師、弁護士、会計士、コンサルタント等、一定の職業に従事する個人および職種を問わず一定の所得水準以上の個人に対して課税がなされます。これをプロフェッショナル税といいます。課税対象となる個人を雇用している使用者は、毎月の給与額からプロフェッショナル税相当額を控除した上で州政府にプロフェッショナル税を納税することが求められます。
2 これに加えて、サーチャージと健康教育目的税(cess)が課せられます。
3 他方、節税行為は、法が本来予定している取引によって税負担の軽減を図る行為であり、租税回避行為とは異なります。
4 インド国外からインド国内への人材供給サービスの供給であるとしてGST課税の対象となる場合には、サービス受領者であるインド現地法人がGSTを納付します(リバースチャージメカニズム)。
5 派遣従業員とインド現地法人との間の雇用関係のみが存在する場合には、そこでの雇用契約に基づいて支払われる給与や手当に対しGSTは課税されません。

第 **6** 章

ビジネスを支えるその他の知識

1 インド人との交渉

 ビジネスを行う上で交渉を避けて通ることはできませんが、インド人との交渉は難しいと実感されている方も多いのではないでしょうか。ここでは、インド人を相手方とする交渉においてどのような点に留意すべきかについて、いくつかのヒントを提示してみたいと思います。

(1) インド人にとっての交渉

 交渉とは、簡単にいえば、2人以上の当事者が合意に至るまでの過程であり、インド人に限らず交渉は常に必要となるものです。では、なぜインド人との交渉が難しい（と思われている）のでしょうか。そもそも、「インド式の交渉」なるものは存在するのでしょうか。

 一般に、交渉スタイルは、その人の生い立ちや周囲の環境、文化的側面の影響を受けています。インドは、世界最大の人口を擁する新興市場ですし、また、長く厳しい侵略時代を経験してきたという歴史があります。2300年ほど前のアショーカ王の治世（紀元前268年頃から紀元前232年頃）に絶頂を迎えた後、国内の混乱の時代を経てヒマラヤ、中東、アフガン地域からの侵略と征服を経験しました。最後の侵略は、英国による植民地化でした。その後、1947年に、インド亜大陸は英国から独立し、インドとパキスタンという二つの国家が誕生しましたが、独立当時のインドは貧しく、人々は生存のための闘いにさらされて

いました。1991年に経済が自由化された後、インド経済はすさまじい勢いで成長し、2022年には旧宗主国である英国を抜いて世界第5位の経済大国となったわけですが、しかし今でもインドは、先進国に比べて生存競争が激しい新興市場であることに変わりありません。

このようなインドの歴史と現状があるゆえに、インドでは交渉は人々の生活・生き方の一部となっています。日々の生存競争にさらされていることにより、「成功するまで繰り返し試す」ことが正解だという信念があるともいえます。もちろん地域差や個人差もありますが、インド人の心の底には、生存のための向上心と成功への不変の希求が組み込まれているといっても過言ではないように思います。このようなマインドセットが、いつどんなときも、ビジネスの相手方に対してであれ、人生の状況に対してであれ、議論や交渉を試みるというインド人の習慣の一因となっているといえるのではないかと思います。

(2) インド人にとっての交渉の目的

では、インド人は交渉の目的をどのように考えているのでしょうか。前述のとおり、交渉とは相互の合意に向けたプロセスですので、両者が妥協し、双方の当事者にとって「win-winの状況」になる必要があります。一方の当事者が他方の犠牲の上にのみ利益を得るのであれば、それはもはや「交渉」ではなく「強制」でしょう。

序章で述べましたが、インドの代表的な料理である「ターリー」は、野菜、スープ、インドパン、お米、サラダ、ピクル

ス、デザートなど様々な料理が少しずつ盛られたプレート料理です。それぞれの小皿を適切な割合で食べることによって、バランスの良い食事を摂ることができます。インド人のマインドセットは本質的に「ターリー」のようなものであり、異質な人たちが合わさることによって、部分の総和以上の全体が実現できると考えています。マハトマ・ガンディーはこれを「美しい妥協」と表現しています。このような考え方は、世界最大の人口を擁し、文化的に実に多様なインドという混とんとした社会を生き抜くための知恵であるといえるでしょう。このようなメンタリティのため、インド人は、交渉の局面においてもゼロ・サム・ゲームよりwin-winの結果を目指そうとする傾向が強いと思います。

(3) 交渉におけるポイント

一般に交渉には決まったやり方があるわけではありませんが、いくつかの重要なポイントを挙げることはできます。

a 個人的な信頼関係を構築する

交渉を行うに当たって交渉相手との間に個人的な信頼関係を築くことが重要です。インドのビジネス文化では、正式な契約よりも人間関係が優先されることも多くあり、信頼と相互理解は交渉において重要な役割を果たします。交渉のプロセスを強化するためには、信頼関係を築き、関係性を育てることに時間をかけることが重要です。

したがって、まずは、インドの取引相手との間に交渉事以外

の接点を作って、個人的な信頼関係を築くことが有用です。これには様々な方法があります。例えば、目の前の交渉課題とは別の話題からあえて会話を始めることが考えられます。これによって交渉に臨む両者の雰囲気は和らぐでしょう。インドでは、いわばクッションになるような典型的な話題（日本でいえば、天気の話題など）はありませんが、自己紹介をし、居住地を紹介し、また相手のことを理解しようとすることから始めるのが良いでしょう。できる範囲で個人的な情報を共有することは、信頼関係を築くための一つの方法となります。多くのインド人は家族の話をしたがるものです。インド人は、日本人よりもお互いの家族の話題や個人的な話題に踏み込む傾向があり、それを不適切であるとは感じません。むしろ、お互いに交わり、一緒に物事を楽しめる人を好む傾向があります。

b　現地のリソースを活用する

交渉相手の立場から考えてみると、交渉の相手方が安心できる方法で交渉してくれれば安心するでしょう。日本でも、相手方が日本式ではない交渉をしてくると戸惑いを感じるのと同じです。この点で、交渉相手との交渉を現地の人に委ねることは有益です。そのような人としては、従業員、コンサルタント、アドバイザー、あるいは現地のビジネスパートナーなどがあり得るでしょう。

実際のところ、インド企業との交渉において相手が行う主張のうち、何が本心で、何がブラフであるかは、外国人である日本人に理解することは容易ではないように思われます。やはり

これについては、同じ環境の中で生まれ育ち、同じ空気を吸い、同じ言葉を話し、文化的背景を共有している現地の人に分があるように思います。

　前述のとおり、インドには専門性を重視する価値観があります。現地のリソースを上手く利用してコントロールしながら、相手方との交渉を委ねることが交渉の成功への鍵となります。

　c　全ての人に敬意を払いつつ、上下関係を理解する

　交渉の場では、誰に対しても平等に接する必要がありますが、交渉の相手方の中で誰がリーダーであるかは忘れてはなりません。相手方に対しては敬意を持って接し、過度にビジネスライクになる必要はありませんが、適切な肩書で呼びかけ、フォーマルな言葉を使い、年長者には敬意を示すことが重要です。お互いにとって利益となる解決策を見つけることを目的に、建設的なフィードバックを提供することを目指すべきです。

　交渉の中で 1 人ひとりが果たす役割は異なります。これは、オーケストラでそれぞれの楽器の演奏者が果たす役割が異なることと同じです。それぞれの役割を尊重し、1 人ひとりとの間で信頼関係を築くことで交渉を成功に近づけることができます。

　これに関連して、インドにおける組織の意思決定構造を理解しておくことが重要です。インドの企業は階層性が強く、組織の意思決定はトップダウンで行われる傾向にあります。したがって、交渉においては、最終的な決定権はリーダーが有して

いることを常に心にとどめておく必要があります。インド企業では、通常、基本的な構造やマクロレベルの事柄はリーダーが決定し、それが決まった後に、ミクロレベルの事柄についてより下の役職のメンバーに任せるということが行われます。このため、交渉が膠着状態にある場合には、交渉のレベルを上げてみる、すなわち一段上の役職の人同士やトップ同士の協議を設定してみることが打開策につながるかもしれません。経営トップ層同士で話し合うことで一気に交渉が進展するということは珍しくありません。他方、下の階層から順に交渉を積み重ね、担当者同士で「握った」はずの条件が、相手方のトップの一声によって反故にされることも少なくありませんので、インド企業との交渉においては、経営トップ層（とりわけ、プロモーター）のコミットメントを常に引き出しておくことが重要となります。

d　交渉における駆け引きの戦略を理解する

　交渉において、インド人は厳しい交渉を持ちかけようとしがちです。荒唐無稽とも思える対案を提示された経験がある方もいらっしゃるのではないでしょうか。前述のとおり、インドの人々は常に新興市場での生存競争にさらされているため、あらゆる局面において交渉による駆け引きが一般的に行われています。したがって、インド人と交渉を行う際には、相手方からの対案には常に駆け引きの要素が含まれていることを認識することが重要です。高い球を投げ続けて時間的プレッシャーを与えて譲歩を迫るというのは、インド人がよく使う交渉手法です。

高い球を投げ続けていたのに土壇場になって一転して妥協して、とんとん拍子に交渉が成立することもあります。したがって、交渉の中で一見不可解な対案が提示されたとしても、それに惑わされずに忍耐強く交渉を続けることが必要です。

　前述のとおりインド人との交渉は常に駆け引きが伴うため、こちら側としても一度に全ての交渉カードを切るべきではありません。交渉は複数の段階からなるプロセスであり、インド企業においては、最終的な判断はリーダーが行います。したがって、譲歩できるポイントは交渉の最後まで取っておく必要があります。インドの交渉相手は、交渉が解決しそうな土壇場になって新しい要求事項を出してくることもあるため、最後まで気を抜くことができません。

　　e　忍耐強く
　交渉には時間がかかるため、忍耐強く臨み、話合いが徐々に進展することを待つことが必要です。インド人との交渉では特にそうですが、交渉では一進一退の議論になることを覚悟しておく必要があります。日本企業の傾向として、落としどころを最初から考えて、それに向かって合理的に交渉を進めようとすることが多いように思われますが、インド式の交渉においては、そのような方法が得策でないこともあります。

　交渉において重要なことは、相手方の提案の背後にある「論理」を理解することです。それを踏まえて、自分の対案とその対案の論理を相手方に説明します。交渉中は柔軟にアプローチし、お互いの視点とその根拠を理解する努力をすることが必要

です。相手も交渉から得られるものを得ようとしているわけですので、ときには感情的なやりとりになることがあるかもしれませんが、それでも最終的な決断は論理的に、かつ洞察力をもって下す必要があります。

　実は、日本人と同じく、インド人も直接的な対立や、はっきりと「No」と拒絶することを避ける傾向があります。したがって、言葉の額面だけにとらわれずに、その行間にある相手方の真意を推し量ることが必要です。

　f　交渉相手の主張を検証する

　また、交渉の相手方から出された主張を独自に検証することも重要です。インドの交渉相手は、比較的事実を誇張しがちなように思われます。したがって、相手方が主張したことを鵜呑みにせず、独自に確認することは必須といえます。このような検証は、根拠となる文書をチェックするだけでは不十分な場合もあります。インドのような新興国では文書化された信頼に足る情報はむしろ少ないと思ったほうが良く、現地での聞き込みといった他の手段を併用しながら、あらゆるレベルでの情報を収集することが検証のために非常に重要です。

　g　交渉内容の文書化

　交渉の後は、重要なポイントや合意事項を書面にまとめ、速やかに相手方と共有しておくことが重要です。交渉の内容を文書化しておくことは、お互いの誤解や失念を回避することに役立ちますし、交渉に直接参加しなかった双方の関係者との正確

な情報共有ともなります。また、その時点までの漠然とした合意事項の「ピン留め」としても有用であり、双方にとって今後の交渉戦略策定の参考資料となります。既に合意したと思っていた事項を、後になってひっくり返されることの防止にもつながるでしょう。

h 交渉における地域差を認識する

交渉の方式や作法には地域差があることも忘れてはなりません。通常、大都市などのより先進的な地域では、よりプロフェッショナルかつ合理的なアプローチで交渉がなされます。他方、内陸部などの地域では、一般的に、保守性が強く頑固な傾向があるといわれています。この点からも、それぞれの地域において現地のリソースを活用して交渉に当たることが有益であるといえるでしょう。

交渉の方式には全ての交渉に共通する正解があるわけではありません。交渉相手が誰であり、交渉課題が何であるかによって、最適な交渉方法は異なります。それぞれの場面に即した交渉方法を採用することが不可欠です。このことが、「交渉とはアートである」といわれるゆえんです。その意味で、本章で述べたことは一般論でしかありませんが、インド式の交渉に臨む方々にとって、何らかのヒントになるところがあれば幸いです。

2 駐在生活における留意点

外務省の「海外在留邦人数調査統計」によると、2023年10月1日現在、約8,000人の日本人がインドで生活しているとされています（[**図表6-1**]）。本節では、インドに駐在することになった場合の生活や必要な手続について説明します。

(1) 日常生活

インドには、都会からのどかな郊外まで多様な生活環境があります。住居も、一戸建て、マンション、ゲーテッドコミュニティ（周囲を塀で囲むなどして整備された複数住民の生活環境）など様々です。デリーやムンバイ、ベンガルールなどの主要都市

[図表6-1] インドにおける在留邦人数（注）の推移

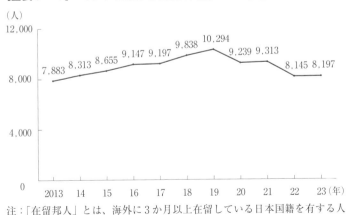

注：「在留邦人」とは、海外に3か月以上在留している日本国籍を有する人を指します。
出所：外務省「海外在留邦人数調査統計」より作成

ではインフラが発達していますが、小さな町ではインフラの整備がいまだ行き届いていない地域も少なくありません。

　a　挨　　拶

　インドでの挨拶は、サンスクリット語で「ナマステ」(丁寧に言う場合は、「ナマスカール」)と言いながら握手し、軽く会釈をします。「ナマステ」は、朝昼晩を問わず、挨拶の言葉として使うことができます。インド人はお互いを呼び合うときは、「Mr./Ms.」や「Sir/Ma'am」などの敬称の後にファーストネーム(下の名前)を付けることが多いです。友人や同僚同士の場合には、くだけた場ではファーストネームを使い、フォーマルな場面や職場では名字や敬称を使うことが一般的です。

　b　飲　　食

　インドには、香辛料をふんだんに使用した様々な料理があります。ベジタリアンの割合が高いインドでは、ベジタリアン料理の種類も豊富です。

　有名なインド料理といえば、ビリヤニ、バターチキン、チャート、ドーサ、グラブ・ジャムンやジャレビなどです。インド料理では伝統的に、ナンやロティなどのパンを使って右手で食べ物を掬って食べます。左手は「不浄の手」とされており、食事では使わないことが多いです。インドのレストランでは、大都市以外では、スプーンやフォークは出されないことが多いでしょう。飲み物としては、チャイやラッシーが有名ですが、路上の屋台で売っている絞りたてのココナッツジュースも

お勧めです。アルコール飲料に対する規制は州ごとに異なるため、現地法や慣習について調べておくことが必要です。

インドの屋台料理は人気ですが、衛生面の観点から、評判の良い屋台を選ぶことをお勧めします。手洗いを励行し、適切に食品を管理している店を選ぶなど、できる限りの衛生対策を行いましょう。飲用水としてはペットボトルの水を飲むことが安全です。

なお、日本食レストランは、デリーやムンバイ、コルカタ、ベンガルールなどの主要都市には存在しますが、小さな町では見当たらないかもしれません。

c 買　　物

日用品は、スーパーマーケット、食料品店、地元の市場などで簡単に手に入ります。日本製のものはあまり出回っていないかもしれませんが、グルガオン等の主要都市には日本の食品や調味料を販売する駐在員向けの店もあります。インドではオンラインショッピングも普及しています。

市場では値切り交渉を行うことが一般的なので、買物をするときは価格交渉をする心構えでいると良いでしょう。店頭に表示されている価格は割高に設定されていることが多いため、友好的な態度で値下げ交渉を行うことも楽しみの一つです。価格交渉は、よりお得に買物をしつつ、インドの地元文化を味わう楽しい方法の一つです。

d 健　　康

インドでは、公的な医療施設と民間の医療施設が混在しています。主要都市には、設備の整った病院があります。医療費は他国よりも低価格であることが一般的ですが、想定外の出費に備えて適切な民間の医療保険に加入しておくことをお勧めします。

また、虫よけや蚊帳の使用、地域によっては保護衣服の着用や抗マラリア薬の服用など、マラリアの予防対策をする必要もあります。危険地域に関する情報を収集し、現地の保険指導に従ってください。

e 移　　動

交通、水道光熱、通信などの公共サービスは、その質や効率性に地域差があります。主要都市では、バスや電車、地下鉄などの公共交通システムが発達しています[1]が、交通渋滞は深刻です。交通渋滞はインドの都市では日常茶飯事であり、慣れていなければ車の運転は困難ですし、危険です。

f 娯　　楽

インドには、文化的行事、お祭り、音楽、ダンスパフォーマンス、演劇など幅広いジャンルの活気あるエンターテイメントが溢れています。特に映画は人気であり、「ボリウッド」や「トリウッド」など、地域ごとに映画産業が存在しており、そこで使用される言語や特徴も異なります。日本でも2022年の年末に大きな話題を集めたトリウッド映画「RRR（アールアール

アール)」は記憶に新しいかもしれません。ご自身の好みのインド映画のジャンルを探してみるのも面白いでしょう。インドの映画館では、インド映画と海外の映画を併せて上映しています。主要都市には、英語や日本語を含む多言語で映画を上映するシネコンがあります。

g 施し

施しは、インド文化の重要な一面であり、困っている人への思いやりの表れとされています。施しを行うことで、恵まれない人々をサポートすることができますが、依存を防ぐため、物乞いの子どもたちに直接施しを行うことは避けた方が良いとされています。評判の高い慈善団体に寄付することを通じて、施しに貢献することもできます。

(2) 宗教と祭り

インドは、ヒンドゥー教、イスラム教、キリスト教、シーク教、仏教やジャイナ教を含む多様な宗教が信仰されています。それぞれの宗教には独自の慣習と伝統があります。インドの神聖な遺産に対する理解を深めるために、ヒンドゥー教の聖都・ウッジャインのマハーカーレシュワル寺院やシーク教の聖地・アムリトサルの黄金寺院（ハリマンディール・サーヒブ）など、インドの信仰の地を訪れてみるのも良いでしょう。

インドは、1年を通して活気のあるお祭りがあることで有名です。有名なお祭りとしては、ディーワーリー、ホーリー、ナヴラトリ、ドゥルガー・プージャーやクンブ・メーラなどがあ

ります。特にディーワーリー（Diwali）は、「光の祭典」として知られる、インド最大のお祭りで、毎年10月か11月の5日間にわたってお祭りが続きます。悪に対する善の勝利、闇に対する光の勝利がテーマとされており、街中や家の中にランプやランタンが溢れかえります。また、毎年3月に2日間にわたって行われるホーリー（Holi）は、街中で、知らない人同士であってもカラフルな粉や水をとにかく掛け合うというお祭りです。これらのお祭りは、インドの文化的多様性を体験し、宗教的伝統をご自身の目で確かめ、独特な美味しい料理を楽しむ良い機会となります。

(3) カースト制度

カースト制度とは、「バラモン（司祭）」「クシャトリヤ（戦士）」「バイシャ（庶民）」「シュードラ（奴隷）」といった身分を指す「ヴァルナ」と、「ヴァルナ」において職業や家系等でまとまった集団を指す「ジャーティー」から構成される、ヒンドゥー教の伝統的な概念です。現行のインド憲法では「法の下の平等」が掲げられており（第3章）、カースト制度自体は禁止されています。しかし、現在でも、ヒンドゥー教的価値観が強い北部の地域などでは、異なるカースト間で食事を共にしないなどの文化的慣習が見られます。

基本的に、日本人をはじめとする外国人がカースト制度を気にしながら生活する必要はありません。ただ、カーストの違いによって一部の現地従業員が他の従業員との間で心理的な溝を感じているといった場面に出くわすことがあるかもしれませ

ん。このような場合には、マネージャークラスの日本人駐在員が率先して社員間のコミュニケーションを促し、現地従業員にも同じ社員としての帰属意識を持たせるといった工夫が求められるでしょう。

(4) 時間の感覚

　日本とインドでは、時間の感覚に明らかな違いがあります。インドでは、時間はより柔軟で緩やかなものと認識されており、時間厳守にはそれほどの重きが置かれていません。「インド標準時（Indian Standard Time）」を意味する"IST"は、しばしば「インド伸縮自在時間（Indian Stretchable Time）」といわれるくらいで、インドでは、遅れを生活の自然な一部と捉えるところがあります。このようなインドにおける時間の観念は、もともとは新興国ゆえの様々な障害や欠陥によって物事が適切に完了するまでには想定以上の時間がかかる、という社会的現実に由来するわけですが、今では一般的な生活様式へと広がっています。他方、日本のビジネス慣行では、インドとは対照的に、スケジュール厳守が重んじられ、遅刻は厳禁とされています。インド企業との共同事業やインドへの投資活動を成功させるためには、こうした生活面における違いをも念頭に置いて、準備のためのバッファー期間を長めに確保しておくことが不可欠となります。

(5) 祝 祭 日

　インドの祝祭日には、全国共通のものと州ごとのものがあ

り、選択式のものも含まれるため、非常に複雑です。[**図表6－2**] は、2024年のニューデリーにおける祝祭日の一覧を示しています。実際の休日については、地域によって、また年によって異なることにご留意ください。

3　駐在するために必要となる手続

　インドで駐在するためにインドに入国した場合には、入国日から14日以内に外国人地域登録局（FRRO）で外国人登録を行うことが必要です。2017年度に外国人登録の電子登録制度（e-FRRO）が導入されましたので、オンラインでの登録も可能となっています。外国人登録が必要となるのは、180日を超えてインドに滞在する外国人であり、査証の種類にかかわりなく申請が必要とされています。外国人登録は義務であり、申請を怠った場合には罰金を科せられますので注意が必要です。

　インドで生活をする上では、納税者番号（Permanent Account Number：PAN）を取得することが必要となります。また、場合によっては、インドにおける「マイナンバー・カード」であるアーダール（Aadhaar）を取得することも考えられます。PANとアーダールについては、以下で説明します。

　なお、日本政府との関係では、在留届の提出を忘れないようにしてください（旅券法16条）。日本人が外国に３か月以上滞在する場合には住所地又は居住地を管轄する日本大使館又は日本領事館に在留届を提出することが必要とされています。在留届はオンラインを通じて提出することも可能です。

[図表6－2] インドの祝祭日（ニューデリー）(2024年)

日付（曜日）	祝祭日名（日本語）	祝祭日名（英語）
1／26（金）	共和国記念日	Republic Day
3／25（月）	水掛け祭	Holi
3／29（金）	聖金曜日	Good Friday
4／11（木）	イスラム教断食明け祭	Id-ul-Fitr
4／17（水）	ヒンドゥー教ラーマ神生誕日	Ram Navami
4／21（日）	ジャイナ教マハビラ生誕日	Mahavir Jayanti
5／23（木）	釈迦生誕日	Budha Purnima
6／17（月）	イスラム教犠牲祭	Id-ul-Zuha
7／17（水）	イスラム教新年	Muharram
8／15（木）	独立記念日	Independence Day
8／26（月）	クリシュナ神生誕日	Janmashtami
9／16（月）	イスラム教ムハンマド生誕祭	Milad-un-Nabi (Prophet Mohammad's Birthday)
10／2（水）	マハトマ・ガンディー生誕日	Mahatma Gandhi's Birthday
10／12（土）	ヒンドゥー教ダシェラ祭	Dussehra
10／31（木）	ディワリ（ヒンドゥー教新年祭）	Diwali (Deepavali)
11／15（金）	シーク教ナナック生誕日	Guru Nanak's Birthday
12／25（水）	クリスマス（キリスト教）	Christmas Day

出所：JETRO「インド祝祭日2024年版　最終更新日：2023年12月20日」より作成

(1) 納税者番号（PAN）

　PANは、インド税務当局が発行する英数字10桁の納税者番号で、インドにおける納税者の同一性確認に用いられます。インド税務当局はPANによって納税や税控除、税還付等に関して納税者による全ての取引を紐付けることができます。PANは個人のみならず、法人も取得することができ、納税者1人に対して一つのPANが付与されます。

　インドで事業を行う日本企業にとっても、PANの取得が必要となります。

　例えば、2024年9月30日までに原則として全てのインド企業は株式を電子化（dematerialization）することが義務付けられており、株主がその電子化された株式の新規発行や譲渡を行うためには、depositary participantと呼ばれる一定の銀行又は証券会社で電子証券口座（demat口座）を開設することが必要となっています[2]が、demat口座を開設するための必要書類としてPANが含まれているため、PANを取得していなければ、事実上、インド企業の株式を保有することはできないことになっています。

　PANの取得のための申請は、所定のフォームに必要書類を添付してインド国内のPAN申請センターに提出することによって行います。申請後、通常であれば2～3週間でPANを取得することができるとされています。

⑵ アーダール (Aadhaar)

　語源的にはヒンディー語で「基礎」や「基盤」を意味するアーダール (Aadhaar) は、インド政府がインド国民（および一定の外国人）に対して割り当てる、12桁の数字から構成される固有識別番号です。アーダール番号は主として本人確認時の身分証明として使用されることが想定されています。アーダールは、日本における「マイナンバー・カード」に似ていますが、十指の指紋と虹彩画像の生体認証を伴う点で、「マイナンバー・カード」と異なっています。インド政府は、2009年にインド固有識別番号庁 (Unique Identification of Authority of India：UIDAI) を設置し、アーダール制度を導入しました。UIDAIの初代総裁にはインドIT企業大手であるInfosysの共同創始者・CEOであったNandan Nilekaniが就任したことに象徴されるように、アーダールの導入は「オール・インディア」で実施されたプロジェクトでした。2010年9月に第1号のアーダール番号が発行された後、発行数は急増し、2023年7月末日時点では1,303,150,231のアーダール番号が発行されています。

　インド国民にとっても、アーダール番号を取得することは法的な義務とはされていません。しかし、アーダール番号を用いた身分証明を必須とするサービスが増加しているため、インド国民の間でアーダール番号は広く普及しています。インドに居住する外国人（個人）についても、過去12か月間に182日以上インドに居住していた場合には、アーダール番号を取得することができます。なお、アーダール番号を取得できるのは個人に

限られます。

《注》
1 　例えば、ニューデリーの都市型鉄道「デリーメトロ」は日本からの円借款の支援の下、建設が進められ、2002年に開業しました。今では、デリーメトロの総延長は東京メトロを上回る距離になっており、巨大都市ニューデリーの欠かせない足となっています。
2 　株式の新規発行を受けたり譲渡を行ったりしないのであれば、電子証券口座を開設・保有する必要はありませんが、将来に第三者等に株式を譲り渡す可能性がないとはいえないことを考えれば、日本企業を含む全ての株主にとって電子証券口座の開設・保有は事実上の義務になっているといえます。

第 7 章

トラブルに対処する

1 インドの司法制度

第3章の1で述べたとおり、インドは連邦制を採用しており、中央政府と州政府が併存していますが、司法制度については中央と州の一元的な制度となっています。そのため、インドの裁判所では、憲法をはじめ、中央政府の法律と州の法律の双方が取り扱われます。

インドの司法制度は、原則として三層制になっており、最も下位に地方裁判所（District Court）を含む下級裁判所（Sub-ordinate Court）があり、その上に各州に1つ高等裁判所（High Court）が置かれています。そして高等裁判所の上に連邦レベルの機関として、最高権限を有するインド最高裁判所（Supreme Court）が存在します。また、裁判所のほかに、特定の事項について管轄を有する準司法機関として審判所（Tribunal）が設置されています（[**図表7-1**]）。審判所の例としては、会社法審判所、労働審判所、所得税審判所、知的財産権審判委員会、グリーン審判所などがあります（[**図表7-2**]）。

2 インドにおける紛争解決手段

インドにおける紛争解決方法には、裁判所や審判所における手続のほかに、仲裁、あっせんや調停等といった代替紛争解決手段（ADR）が存在します。以下では順にこれらを見ていきます。

[図表7-1] インドの司法制度

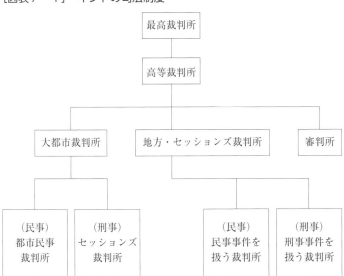

(1) 裁判所による紛争解決

　個人間や企業間の紛争の当事者は、管轄権を有する裁判所に対して民事訴訟を提起することができます。

　もっとも、インドで締結される多くの契約書では、裁判所に訴える前の要件として交渉や後述する調停を経ることを義務として規定しているものがあります。このような規定がある場合は、紛争が生じた場合にはまずは交渉や調停を試みる必要があり、それらによっても解決できなかった場合に初めて、裁判所における訴訟手続に進むことができます。また、後述するとおり、商事紛争については訴訟を提起する前に調停を行うことが義務とされています。

[図表7-2] インドの司法機関・準司法機関

司法機関		最高裁判所	全国に一つ。 高等裁判所からの不服申立てを受ける最上告審。 連邦と州との間の紛争や州間の紛争などでは第一審となる。
		高等裁判所	各州に一つ設置されている。 自ら第一審になる場合と、地方裁判所からの不服申立てを受ける控訴審になる場合がある。 民事事件と刑事事件の双方を扱う。
	下級裁判所	地方裁判所・セッションズ裁判所	各州にある複数の司法管轄区（judicial districts）ごとに一つ設置されている。 民事事件を取り扱う地方裁判所（District Court）と刑事事件を取り扱うセッションズ裁判所（Sessions Court）より構成される。 この下に、さらに下位の裁判所(注)が設置されている。
		大都市裁判所（Metropolitan Courts）	人口100万人を超える大都市地域（Metropolitan Area）に設置されている。
		少額訴訟裁判所	特定の都市に設置されている。 比較的少額の事件や特定内容に関する事件を取り扱う。
準司法機関	審判所	会社法審判所、労働審判所、所得税審判所、知的財産権審判委員会、グリーン審判所など	裁判所の負担軽減のため、特定の法分野に関して準司法機関としての審判所が設置されている。 各審判所はそれぞれが管轄を有する専門的事項を取り扱う。

注：民事事件を担当する裁判所と刑事事件を担当する裁判所があり、裁判所や裁判官の名称は州により異なります。

[図表 7 － 3] ベンガルールにあるカルナータカ州高等裁判所の建物

（1860年代に建てられた石とれんが造りの建物が現在も使用されている。青い空を背景に全面が赤色で塗装された建物壁がよく映えている）

出所：2023年11月27日著者撮影

　裁判所における民事訴訟手続は1908年民事訴訟法に規定されています。民事訴訟は、原告（plaintiff）が裁判所に対して訴状（plaint）を提出することによって開始されます。その後、裁判所が被告に対して呼出状（summons）を送達し、裁判所への出頭と、訴状に記載された請求に対する答弁を行うよう命じます。被告は、最初の弁論期日において、あるいは裁判所によって指定された期間までに、反論内容を記載した答弁書（written statement）を提出することが求められます。被告が答弁書を提出することなく、かつ最初の弁論期日に出頭しなかった場合には、被告の言い分を聞くことなく判決が下された

り、法廷侮辱罪により逮捕令状や罰金の対象となることがあり得ます。したがって、万が一、インドで訴えられることがあった場合には、裁判所からの呼出状を放置してはならず、すぐに訴訟専門の弁護士に相談するようにしてください。

　被告から答弁書が提出された後、原告と被告は自らが保有又は管理している書証（証拠となる文書）を提出し、訴状と答弁書に記載された事実に関する主張を認めるか否かを明示します。

　インドでも、証拠開示手続、すなわち、ディスカバリー（discovery）の制度が存在します。原告と被告は、裁判所の許可を得て、相手方当事者に対して、訴訟に関連する文書の保有について回答を求めることができます。また、相手方当事者が保有又は管理する関連文書の一覧表の提出を命ずるよう裁判所に申し立てることもできます。一定の場合には、相手方当事者が保有又は管理する関連文書を閲覧し、複写することの許可を裁判所に申し立てることもできます。

　以上の手続を経て裁判所が争点を確定した後、両当事者は自らが申請予定の証人の一覧表を提出します。その後、法廷において弁論期日が開催され、証人尋問が行われます。証人尋問が終わると、各当事者がそれまでに提出した主張と証拠をまとめる最終弁論を行い、審理は終結となります（結審）。結審した後、裁判所は、弁論終結日から1か月以内又は実務上可能な限り速やかに、公開の法廷で判決を言い渡すこととされています。

　判決が言い渡されて判決書（decree）が作成されると第一審

の手続は終了します。第一審の判決に不服がある当事者は、上級審に対して上訴を提起することができます。

判決が確定した後、敗訴当事者が判決内容を任意に履行しない場合には、勝訴当事者は裁判所の決定を得て敗訴当事者の財産に対して強制執行を行うことが可能です。

(2) 裁判所における民事訴訟手続の実情

インド司法省が提供する「全国司法データグリッド」(The National Judicial Data Grid：NJDG) のデータによると、2023年10月19日現在、インドの裁判所に係属している民事事件は1,109万3,616件、刑事事件は3,342万2,973件であるとされています[1]。インドの下級裁判所では総計4,000万件以上もの係属中の事件が滞留し、事件の迅速な処理が行われていないともいわれています。第一審の判決に至るまでに5年以上を要することも少なくなく、特に土地に関する紛争は長期化する傾向があります。祖父の時代に提起された土地をめぐる紛争の訴訟手続が孫の代でも継続しているという例もあるくらいです。

インドの裁判が長期化している原因としては、以下の点が挙げられています。

① 人口の多さゆえに必然的に紛争が多く、裁判所に持ち込まれる紛争の数が膨大であること。
② 一般的傾向としてインド人は裁判所に紛争を持ち込むことへの心理的抵抗感が少ないこと。
③ 各審級の裁判所において実際に任命されている裁判官の数が法定の定足数に達していないため、裁判官が慢性的に不足

していること。

そのため、インドで訴訟により紛争を解決することには相当の期間がかかることを覚悟しておく必要があります。それゆえに、特に迅速性が求められるビジネス取引では、訴訟に代わる裁判外紛争解決手段がよく利用されています。

(3) 裁判外紛争解決手段（ADR）

a 仲　裁

仲裁は、インドにおける重要な裁判外紛争解決手段（ADR）です。1996年仲裁・調停法（the Arbitration and Conciliation Act）に規定されている仲裁には、機関仲裁とアドホック仲裁の2種類があります。機関仲裁は、特定の仲裁機関が紛争当事者による仲裁手続を補助・運営するものです。インド国内にある仲裁機関の例としては、デリー国際仲裁センター（DAC）、ムンバイ国際仲裁センター（MCIA）、インド仲裁評議会（ICA）があります。国際的な紛争では、従前よりシンガポール仲裁センター（SIAC）が多く利用されていますが、2015年改正仲裁・調停法に基づいて、2022年6月、インドにおける国際仲裁のハブとしてインド国際仲裁センター（IIAC）が設立され、今後の利用の増加が見込まれています。

他方、アドホック仲裁は、仲裁機関を利用することなく行われる仲裁手続です。当事者が自ら仲裁手続の内容を決定したり、仲裁機関が定める仲裁規則に従うことを合意した上で仲裁手続を進めます。当事者間で合意が成立しない場合には裁判所に申立てを行い、裁判所の決定を得ることが必要となります

が、その裁判手続に時間を要するため、仲裁のメリットである迅速な解決が阻害されてしまいます。したがって、一般に、アドホック仲裁は避けるのが無難といえます。

　仲裁手続は、訴訟手続と比較して迅速ですし、非公開であるというメリットがあります。また、仲裁の審問（証人尋問）の開催地や日時、方法、使用言語を柔軟に選択することができます。前述のとおりインドでは裁判所での訴訟手続は長期化する傾向があるため、仲裁における紛争解決が有力な紛争解決手段として、広く利用されています。

　　b　調　　停
　調停は、第三者たる調停人が中立公正な立場から当事者間の話合いによる解決を促す手続です。仲裁とは異なり、仮に調停人が解決案を提示したとしても当事者はそれを受諾する義務を負いません。1996年仲裁・調停法では、仲裁と並ぶ裁判外紛争解決手段として調停（conciliation[2]）が導入され、調停の方式や手続の概要が規定されました。2023年9月に調停法（the Mediation Act）が制定され、調停手続の包括的なフレームワークが定められています[3]。

　調停法は、調停による解決が不適当である一定の類型（未成年者が関係する紛争、刑事事件、税務や土地取得が争点となる紛争など）を除く全ての民事および商事の紛争に関してインドで行われる調停に適用されます。調停人は、独立した中立公正な立場から、友好的な紛争の解決に向けて当事者による自発的な話合いと交渉を促します。当事者双方が合意すれば、オンライン

で調停を行うことも可能です。調停手続は、調停人との最初の会合後120日以内に完了することとされています[4]。調停手続は非公開で行われ、調停で議論された情報は訴訟や仲裁で証拠として使用することはできません。調停手続で和解が成立した場合には調停和解書（mediated settlement agreement）が作成され、終局的なものとして当事者を拘束し、判決と同様に強制執行することが可能です。

さらに商事紛争に関しては、2015年に改正された商事判所法（the Commercial Courts Act）によって、緊急の救済を求める場合でない限り、当事者は訴訟提起に先立って調停（pre-institution mediation/pre-litigation mediation）を経ることが義務とされています[5]。調停手続は調停人によって主宰され、申立てから3か月以内に完了することとされています[6]。調停手続は非公開で行われ、調停手続で合意に達した場合には、その合意は仲裁判断と同等の効力が認められます。

以上は裁判所の手続外で行われる民間の調停についてですが、民事訴訟の中で裁判所が主導する調停（和解）も存在します。民事手続法では、裁判所が和解による解決が可能であると考えられる事案では、裁判所は事件を調停に付した上で、当事者に対して和解による解決を促すことができるとされています。

⑷ **インドでの紛争を回避するための留意点**

インドでの紛争を回避するためには、以下の点に留意することが考えられます。

a 現地専門家の活用

実際に係争資産を見分して調査・報告等することができる、信頼に足る現地のインド人コンサルタントや専門家を活用することが重要です。これにより、適切な情報と書類に基づいた判断を行うことが可能となり、潜在的リスクを回避することに役立ちますし、いざというときの証拠にもなります。また、もしインドで紛争に巻き込まれ、訴訟等を提起された場合には、現地法（連邦法であることもあれば、各州の州法であることもあります）に造詣の深い、その法分野の専門性を有するインド人弁護士を起用することは不可欠です。私たちの経験でも、もっと早く弁護士に相談していれば、紛争化せずに済んだであろうと思うケースが多くあります。紛争が起きてからではなく、紛争が起きる前に弁護士に相談していただくことが極めて重要です。

その際、まずはインド法実務に精通した日本人弁護士に相談し、日本人弁護士に法的整理を行ってもらった上で、インド人弁護士に説明を行うという方法が有効です。法的な言語を共有する弁護士間でコミュニケーションをすることで、より的確かつ正確に事案のポイントを伝えることができます。

b 規定の明確性

契約を締結する場合には、全ての契約当事者の権利義務の内容を明確に記載した詳細な契約書を作成することが必要不可欠です。インドのようなコモン・ローの国では、基本的に契約書に明記されていない事項については、後になって主張することはできないため、例えば補償条項（一定の事由が生じた場合に補

償を受けることができるとする条項）などの重要な契約条項については、疑義を排した明確な文言で規定しておくことが必要です。契約書の作成の段階から、裁判になった場合を見据えて契約書の文言を検討するという視点が重要となります。

なお、インドで契約書を作成し締結する場合、日本語と英語を併記した契約書を作成したり、日本企業用に日本語による翻訳版を作成することもあります。そのこと自体は何ら問題はありませんが、契約書の解釈において英語が優先すると規定されている場合には、日本語の文言のみに依拠していた日本企業側に誤解が発生し、結果的に不利益を被ることがありますので、いずれの言語のものが正文であるかに注意する必要があります。

c 取引先のバッググラウンド・チェック

インドでビジネス取引を行う際は、適切な取引先を選択することも重要です。ビジネス上の価値観や倫理観を共有し、共通の目標に向かって誠実にビジネスを進めていく意志と能力がある取引相手を見つけることが必要です。信頼できる評判の良いインド企業と提携することによって、より良好で調和のとれたビジネス関係を築くことが可能になります。例えば、米国のスターバックス社は、インドのタタ社と提携できるまではインド市場への参入を待つことを厭わなかったという実例があります。重要な取引を行う場合には、取引相手の素性、経済状況、信用力、市場での評判等を確認するために、バックグランド・チェックを行った上で、相手と密にコミュニケーションをとっ

て慎重に見極めることが不可欠です。インドには、このようなバックグラウンド・チェックを行うサービスを提供する事業者が多く存在します。適切な事業者を選べば、高クオリティーのサービスを良心的な価額で受けることができます。

(5) 裁判所における訴訟の実態と対応方針

どれだけ準備周到にしていたとしても、残念ながら、紛争の当事者となってしまうことを完全に回避することはできません。もしインドで紛争の当事者となった場合には、インドでの訴訟手続は迅速な解決を期待できないという実情を踏まえて、訴訟以外の選択肢を含め、適切な紛争解決手段を選択する必要があります。

それぞれの紛争解決手段は一長一短があるため、いずれの方法を選択するか、また代替紛争解決手段を選択する場合にはそのうちのいずれの手段を選択するかは、紛争の性質と求める結果によって異なります。最善の結果を得るためには、訴訟を専門にする弁護士に相談した上で、紛争の性質を慎重に検討して各手段の長所と短所を比較し、そのケースに合った紛争解決手段を選択するようにしてください。なお、仮に訴訟手続に進むことを決めたとしても、訴訟手続と並行して交渉による解決の模索を行ったり、途中で調停へ移行させて交渉によって解決を図ったりするという可能性は十分にあります。法的手続と交渉による解決は二者択一のものではなく、時期や段階に応じて両者を上手に使い分けるという視点が重要です。

3 撤退戦略の検討

インドで事業を始めた後、プロジェクトが完了したり、あるいは何らかの理由で事業継続が困難になったなどの事情によって、インドから撤退を行う場合もあるかもしれません。また、そもそもインド等の外国でビジネスを開始するに当たっては、あらかじめ撤退の方法や制約を理解しておくことは重要です。以下の4～6では、インドから撤退する場合の方法（撤退戦略）について、その概要を説明します。

インドからの撤退方法は、事業の性質や投資の方法（現地完全子会社を設立していたか、合弁会社形態か、業務提携か等）によって異なります。

4 現地完全子会社を設立していた場合の撤退戦略

インドで完全子会社を設立していた場合には、株式の譲渡先を見つけるか、その会社を解散するかの方法を採ることが必要です。株式の譲渡先を見つけることができなければ、会社を解散する方法を選択することになります。

会社を解散する方法としては、自主清算のほか、ファースト・トラック・イグジット・スキーム（ストライクオフとも呼ばれます）の方法があります。

(1) 自主清算

　自主清算（voluntary liquidation）とは、会社が自主的に会社の解散を行う手続です[7]。自主清算を行うことができるのは、債務超過になっていない会社に限られます[8]。この手続においては、まず会社の取締役の過半数が、宣誓供述書（affidavit）で会社の財務的安定性と不正の意図がないことを宣誓し、次に取締役会と株主総会によって、①自主清算の承認と②清算人（liquidator）の選任を行った後[9]、それらの決議書を会社登記局（Registrar of Companies：RoC）と破産倒産委員会（IBBI）に提出します。上記の株主総会決議がなされた後は、清算人が会社財産の管理処分権限を有することになり、清算人は、会社財産を売却し、会社債権者に対して負債を弁済し、その上で残余財産があればこれを株主へ分配します。以上の清算手続が完了すると、清算人は会社法審判所（National Company Law Tribunal：NCLT）に対して会社の解散の申立てを行います。会社法審判所（NCLT）が解散を承認する命令を発すると、会社は正式に解散し消滅することになります。

(2) ファースト・トラック・イグジット・スキーム（ストライクオフ）

　会社は、一定の場合には自主清算に代えて、ファースト・トラック・イグジット・スキーム（ストライクオフ）を選択することもできます。ファースト・トラック・イグジット・スキームとは、一定の場合に簡易に会社登録簿における会社名を抹消

することを可能にする手続です。具体的には、①会社が設立後1年間事業を開始していなかった場合、又は②直近の2会計年度にわたって事業活動を行っていなかった場合には、会社は、取締役会と株主総会の決議を経た後、会社登録局（RoC）に対して会社登録簿における会社名の抹消を行うよう申請することができます。会社は、この申請を行うに先立ち、会社財産がなく、かつ負債も有しない状態にしておく必要があります。会社登録局（RoC）が申請要件を満たしていることを確認すれば、会社登録簿から会社名が抹消され、会社は解散となります。

また、上記①又は②の場合に該当すると信じるに足る合理的な理由がある場合には、会社登録局（RoC）は自らのイニシアティブで当該会社の会社登録の抹消を行うこともできます。

自主清算とファースト・トラック・イグジット・スキーム（ストライクオフ）の違いについては、[**図表7－4**]をご覧ください。

5　インド企業と合弁会社を設立していた場合の撤退戦略

インドの現地会社と合弁会社を設立していた場合の撤退方法としては、株式の譲渡、自社株買い（buy-back）と合併・買収があります[10]。また、撤退を容易にするため、あらかじめ合弁契約でプット・オプションを規定しておく方法もあります。

(1)　株式の譲渡

まず考えられる合弁会社からの撤退方法は、日本企業が保有

[図表7－4] 自主清算とストライクオフの違い

	自主清算	ファースト・トラック・イグジット・スキーム（ストライクオフ）
概要	会社（株主）が会社の清算・解散を行う正式な手続。会社財産を換価して負債を弁済し、残余財産を分配するために清算人が任命される。	正式な清算手続を経ることなく、休眠状態にある会社について会社登録簿から会社名を抹消する手続。
開始	株主総会決議によって開始される。	会社自身による申請の場合と会社登録局（RoC）のイニシアティブによる場合がある。
清算人	清算人が任命される。清算人は、会社財産の換価、負債の弁済、株主への残余財産の分配を行う。	清算人は任命されない。会社は申請を行うに先立って、会社財産と負債の清算を完了していることが求められる。
会社債権者が有する債権	債権者は会社に対して有する債権を届け出ることができ、清算人はその届出内容を精査して認否を行う。債権の存否および額を認めた会社債権者に対しては、会社財産から弁済を行う。	債権者が会社に対して有する債権を届け出るための正式な手続はない。会社は申請を行うに先立ち、会社債権者への弁済（会社債務の清算）を済ませておくことが求められる。
法的地位	会社は清算手続を経て、清算完了後に解散となる。	会社登録簿から会社名が削除され、解散する旨の公告がなされる。
取締役の責任	取締役は清算手続においても継続して責任を負う。取締役は、清算人に協力し、会社法上必要な情報を提供しなければならない。	ストライクオフ後も取締役は、会社の業務に起因して生じた請求、損失又は債務について引き続き責任を負い得る。
費用	必要となる費用は高額であるが、会社が多くの会社財産を保有している場合には有益な選択肢となる。清算人を起用することによって、法的義務を確実に遵守することができるというメリットがある。	費用が低廉で済む。最小限の会社財産のみを保有している場合や会社財産を全く保有していない場合に、費用対効果が高い。

する合弁会社の株式を第三者に売却するという方法です。これは、株式の譲渡人と譲受人との間での取引であり、合弁会社とは無関係に行うものであるため、プロモーター（会社に対する

一定の支配権を有する者を指すインド法上の概念で、多くの場合、合弁パートナーがこれに当たります）からの介入を回避することができるという利点があります。ただし、合弁契約における共同売却権（Co-Sale right）や先買権（First Refusal right）など、合弁相手との間の契約において株式譲渡の制約事項が規定されている場合もあるため、株式の売却について何らかの制約がないかを事前に確認することが必要です。また、売却価格の設定においては、税法上の考慮が必要なことに加え、日本企業（非居住者）がインド居住者に対して合弁会社の株式を売却する場合には、価格設定ガイドラインが適用されるため、売却価格についての規制を受けることに留意が必要です（詳細は第4章をご参照ください）。

(2) 自社株買い

撤退を希望する日本企業が保有する合弁会社の株式を、合弁会社自身に買い取ってもらうこと（自社株買い）によって、合弁関係から離脱する方法もあります。しかし、会社法上、会社が自社株式を買い取る場合には、12か月間に買い戻すことができる自社株式は会社の「自由準備金」（free reserves）と払込済み資本金（paid-up capital）の合計額の25%を超えてはならないとされているため、完全に撤退するためには自社株買いと合弁パートナー又は第三者への株式の譲渡を組み合わせて行うことが必要となる場合が多いでしょう。また、自社株買いの実行には取締役会決議（買い取る自社株式の割合が、自由準備金と払込済み資本金の合計額の10%以下である場合）又は株式総

会の特別決議（買い取る自社株式の割合が、自由準備金と払込済み資本金の合計額の10％超かつ25％以下である場合）が必要であることや、自社株買いの買取り申出は全ての株主に対して行われなければならないことなどといった手続要件が定められていますし、買取り価格に対しては価格設定ガイドラインによる価格規制が及びますので、その遵守が必要となります。

(3) 合　　併

合併は、会社法230条から240条に規定されています。会社法上、合併の前提条件として、①法人の定款に合併を許容する旨の条項が含まれていることと、②取決め（Arrangement）、和解（Compromises）の実行に関する取締役会の承認を得ることが求められています。通常の合併手続については、会社法審判所（NCLT）の認可（sanction）を要するため、スケジュールが読みづらく、合併完了までに約180日から200日程度かかるといわれています。なお、規制上の理由により非上場会社の合併は一般的ではありません。

(4) プット・オプション

プット・オプションは、あらかじめ決められた時期と価格で合弁会社の株式を他の株主（多くの場合、プロモーター）に売却することができる権利です。合弁会社やプロモーターが合弁契約上の取決めに違反した場合などに、プット・オプションを行使することができる旨を合弁契約で合意しておくことによって、株主は、これらの場合が現実化してしまった場合にプッ

ト・オプションを行使して合弁会社から撤退することができます。なお、かつてはインド非居住者に対してプット・オプションを付与することが適法であるかについて疑義がありましたが、現在ではインド準備銀行の規則によってこの疑義は解消されています。ただし、インド準備銀行の規則では、インド非居住者へのプット・オプションの付与は以下の条件を満たす場合に限られるとされています。

・ロックイン期間：最低1年間のロックイン期間を経なければ、プット・オプションを行使することはできない。
・価格設定の制限：プット・オプションの行使価格（保証されたリターン[11]）を事前に合意しておくことは許されない。プット・オプションの行使価格は、公認会計士又はSEBIに登録されたマーチャント・バンカーによって証明された、国際的に認められた価格決定方法を用いて、プット・オプション行使時に決定される必要がある。

6　法人格を有さない事業所の清算

　支店、プロジェクトオフィス、駐在員事務所といった法人格を有しない事業所を開設していた場合には、これらの事業所を清算することによって撤退することになります。清算を開始する場合には、まずインド準備銀行に対して清算申請書を提出します。申請書には、営業許可証、インドにおける全ての債務の清算が完了している旨を証明した監査人による証明書、インドの裁判所で係属中の法的手続が存在しないことの確認書その他

の書類を添付します。清算手続は、2013年インド会社法に定められた手続に従って行われます。

《注》
1 日本では、2022年における地方裁判所での第一審民事通常事件の未済事件数は10万1,439件、地方裁判所での第一審刑事事件の未済事件数は2万2,161件となっています（最高裁判所「裁判所データブック2023」より）。
2 1996年仲裁・調停法では「conciliation」という用語が使われていますが、その後の最高裁判所判決でも認められたとおり、「conciliation」と「mediation」はいずれも「調停」の意味で互換的に用いられてきました。
3 2023年9月に制定された調停法では、conciliationはmediationの下部概念と整理されたため、調停法の制定によって1996年仲裁・調停法における調停（conciliation）の規定は重要性を失うに至っています。
4 当事者双方が合意すれば最大で60日間延長することが認められます。
5 調停法においても法案段階では訴訟提起前に調停を経ること（pre-litigation mediation）を義務とする旨が検討されていましたが、最終的に成立した調停法では訴訟提起前の調停は当事者双方が合意した場合にのみ行われる任意のものとされています。
6 当事者の同意がある場合には2か月間の延長が可能です。
7 会社が存続している限り、会社は株主総会の開催や年次報告書の提出等といった会社法上のコンプライアンスを遵守することが必要となります。自主清算は、事業を行っていない会社に対して、そのようなコンプライアンス上の負担から解放される道を認めるものとして導入されています。
8 債務超過にある会社は自主清算による会社の清算・解散を行うことはできず、2016年破産倒産法に従った手続によることになります。
9 会社債権者が存在する場合には会社債権者の承認も必要となります。
10 「撤退方法」ではないものの、合弁会社を設立していた場合の出

口戦略としては、新規株式公開（IPO）があります。
11　「保証されたリターン」（assured return）とは、投資契約において事前に投資家に特定のリターンや内部収益率（IRR）を保証することです。このような「保証されたリターン」が合意されている場合には価格設定ガイドラインによる価格規制が潜脱されかねないため、「保証されたリターン」は原則として禁止されています。

第 **8** 章

インドビジネスの時代

これまでの章では、インドでビジネスを行うに当たって関係する事柄をビジネスの展開に即して概観してきました。本章では、インドビジネスの未来を展望します。

1 「自立したインド」

　独立から75年以上がたち、インドの経済は目覚ましく発展を遂げてきました。インドは今やグローバル経済においてはもとより、地政学的にも重要なグローバル・プレーヤーとなっています。欧米諸国と中国・ロシアとの対立構造が強まる中で、世界中の企業にとってインドの魅力がますます高まっていることは間違いないでしょう。

　第2章で述べたとおり、1991年の経済自由化以降、インドは貿易・投資の自由化を進めてきました。2014年に成立した第一次モディ政権は「メイク・イン・インディア」等の政策パッケージを次々と打ち出し、ビジネス環境整備を推進してきました。2019年の総選挙で勝利して発足した第二次モディ政権は、その政策の方向性を維持するとともに、2020年5月に、インドのGDPの約10％に相当する総額20兆ルピー（約34兆円）規模の経済対策パッケージ「Atmanirbhar Bharat」（自立したインド(self-reliant India)）を発表しました。これは、インド経済の国外依存度を低下させ、経済的な独立性を強化するための取組みです。それと同時に、「自立したインド」は、自国第一主義になることや世界から孤立することではないことも強調されています。「自立したインド」の実現に向けた改革には、農業の

サプライチェーンの改革、合理的な税制、簡潔かつ明確な法規制、有能な人材、強固な金融システムが対象に含まれ、ビジネスの促進と投資の誘致、国内の製造業振興政策「メイク・イン・インディア」のさらなる強化をもたらすとされています。

このように、「自立したインド」は、短期的な経済政策にとどまらず、将来にわたってのインドという国の在り方に関するビジョンを描くものになっています。

2　インドビジネスの展望

以上を踏まえて、インドビジネスの将来を展望してみましょう。

(1)　魅力的な投資先としてのインド

インドが世界で最も魅力的な投資先の一つであることは、これまでに繰り返し述べてきたとおりです。インド市場を逃すことは、旺盛な消費者基盤、高い技術力を持ったパートナーとのビジネスパートナーシップ、大きなポテンシャルを持った投資の機会を逸することにほかなりません。今日の世界経済においてインドの経済的影響力は高まっており、これを軽視することはグローバルな競争環境における中長期的な成長と競争力の妨げにもつながりかねないでしょう。

(2)　地域におけるハブとしてのインド

これまで本書で「インドビジネス」という場合は、インドで

ビジネスを行う場合を想定してきました。しかし、実際には「インドビジネス」は、これにとどまらず、はるかに大きな広がりを持っています。グローバルなビジネス戦略を策定する際には、「インドで何をするか」ということに加えて、「インドとともに何をするか」「インドを通じて何をするか」という視点を持つことが重要でしょう。例えば、最近では南インドの沿岸部に製造拠点を設けて中東やアジア、アフリカへ製品を輸出するケースが増えるなど、インドの地理的優位性を活かした「ハブとしてのインド」という位置付けが強まってきています。また、インド企業とコラボレーションすることによって、インド企業がグローバルに有する資源や人材プール、世界各地における現地の知識、市場洞察力やネットワークを活用することができ、グローバルな市場に参入するために有益なビジネスパートナー、製造拠点、流通販路を得られることも期待されます。さらに、インドが周辺諸国(特に、UAEをはじめとする中東諸国やアフリカ諸国)との間で築いてきた文化的なつながりは、これらの国々とのビジネスにおける有力な無形財産とすることができるでしょう。

(3) グローバル化するインド

　海外においてインドが有する人材ネットワーク(印僑)は、今や広範な広がりを有しています。特に、米国やアラブ首長国連邦(UAE)において、公職や民間企業の経営層、起業家層の主要ポストにインド系人材が就任する例が増えています。インド系の人材はインドを超えてグローバルに拡大しており、一つ

の緩やかなグローバルネットワークが形成されています。このような海外に広がる豊饒な人的ネットワークは、インドから外国へのビジネス展開を行う上で強力な後押しとなることが期待されます。

特に、アフリカや中東は、日本から地理的にも心理的にも遠く、日本企業がこれまであまり進出してこなかった地域といえますが、インド企業は、以前よりこれらの地域に深く入り込んでビジネスを展開しています。とりわけインドと歴史的に関係が深いアラブ首長国連邦（UAE）はインドにとって米国に次ぐ重要な投資先・貿易先となっています。インドとUAEの間の歴史的、経済的、文化的なつながりを背景として、インド企業はUAEにおいて、建設、小売、ヘルスケア、情報技術などの分野において強い存在感を示しています（[図表8－1][図表8－2]）。このようにインド企業と組むことによって、UAEをはじめとする中東諸国への進出の有力な足がかりを得ることが期待できます。

3　インド社会が抱える課題（日本企業にとってのビジネスチャンス）

インドの急速な経済成長は、一部の層に極端な富裕化をもたらす一方で、インド社会において貧富の格差や地域間の格差といった深刻な社会的課題をもたらしています。また、CO_2の排出量が世界第3位であるインドは、グローバルな課題である気候変動への対応にも迫られています。裏を返せば、これらの諸

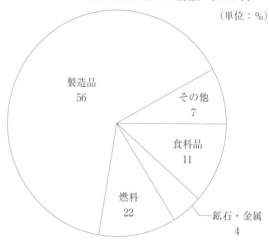

[図表8-1] インドからの製品グループ別輸出割合
(輸出総額に占める割合) (2022年)

(単位:%)

製造品 56
その他 7
食料品 11
鉱石・金属 4
燃料 22

出所:UNCTAD "General profile: India" より作成

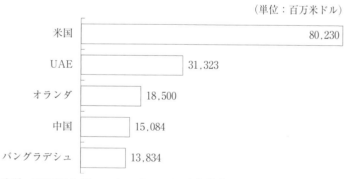

[図表8-2] 2022年のインドからの輸出先上位5か国

(単位:百万米ドル)

米国 80,230
UAE 31,323
オランダ 18,500
中国 15,084
バングラデシュ 13,834

出所:UNCTAD "General profile: India" より作成

課題は、企業にとってはビジネスチャンスといえます。とりわけ、日本企業が誇る高い技術力・技術的専門知識は、インドに

おける社会課題の解決に貢献するものとして、インドの官民から高い期待が寄せられています。再生可能エネルギー、廃棄物処理、水、グリーン・インフラといった分野は、革新的なソリューションの大きな可能性を秘めている分野といえます。

　また、インドの経済が発展し生活水準が向上する中で、インドの人々のニーズも変化し多様化してきています。日本企業が重視する長期的な関係性の構築と、高品質の製品・サービスへのこだわりは、このような昨今のインドの消費者嗜好の変化と生活水準の向上に合致しているといえるでしょう。とりわけ、若年層における食文化の変化は顕著となっています。

　日本企業はこれまで、多くの先人の努力によって、自動車、電気製品、ヘルスケア、インフラといった多岐にわたる分野において、インド国民の間で信頼性、精密性、効率性という点において高い評判を勝ち得てきました。インドの現代的な社会的課題や環境課題の解決においても、日本企業には引き続き質の高いソリューションの提供への強い期待が寄せられています。

第 9 章

インドで成功するために

1 ジュガードの6原則

　これまでインドでのビジネス展開に即して、インドの地理、文化、法務・税務、インドでの生活などについて概観してきました。本書の結びとなる本章では、皆様のインドビジネスへの参入が成功するよう、いくつかのヒントを提示してみたいと思います。

　私たちがインド法務に携わる中で、インド人のビジネスを目の当たりにして感じることは、創意工夫の精神です。これはビジネスの現場に限らず、インド人の生活に浸透しているように見受けられます。成長が激しく日々刻々と状況が変化する新興国市場であるインドでは、先進国と比べてリソースや機会は限定されたものとならざるを得ませんが、手元に有るものを最大限に活用して生き抜いていくための創意工夫が、ここかしこに見られます。インドでは、このような精神のことを「ジュガード」（Jugaad）と呼びます。

　「ジュガード」とは、ヒンドゥー語で「革新的な問題解決の方法」とか、「独創性と機転から生まれる即席の解決法」などという意味です。ジュガードの精神が先進国の企業の成長と戦略にとっても参考になることを論じた書籍[1]では、ジュガードの原則として以下の六つが挙げられています。

　原則1　逆境を利用する

　原則2　少ないものでより多くを実現する

　原則3　柔軟に考え、迅速に行動する

原則4　シンプルにする
原則5　末端層を取り込む（インクルーシブネス）
原則6　自分の直感に従う

　インドのような新興国でビジネスを行うことは容易ではありません。人口が急増し、市場が急拡大していく中で、日々、過酷な競争が繰り広げられています。法制度や税制度は複雑かつ不透明、しかも頻繁に変更されます。2016年に突如として発表された高額紙幣の廃止によって当時流通していた紙幣の約9割が廃止対象となり経済に混乱が生じたことは、記憶に新しいところでしょう。官僚主義的な対応によって行政手続にうんざりするほど時間がかかったり、個々のケースにおける妥当性を無視した画一的な対応がなされたりする例が、まだまだ見られます。縁故主義によって一部の層に対する特権的な取扱いがなされることもあります。ビジネスを行うための基本的なインフラ（電気、水道、道路、交通）も未整備であり、商談に出向くだけで相当のエネルギーを要することもあるでしょう。

　このような厳しい状況でビジネスを成功させていくために必要な精神が「ジュガード」です。すなわち、逆境においてもこれをチャンスと捉え、シンプルな手法によって常識にとらわれることなく臨機応変な思考と行動で解決策を見出そうとする精神です。インドの人々は、幼い頃より過酷な状況を所与の条件として、「ジュガード」の精神を体得してきているといえるでしょう。インドでビジネスをする場合には、このような「ジュガード」の精神を理解して実践することが、成功への鍵となるように思われます。

2　成功のためのエッセンス

「ジュガード」の精神を理解して実践するために必要なことは、これまで述べてきたとおりですが、今一度、以下にエッセンスを整理してみます。

(1) 現地の実情の理解

まず、ビジネスを行う前に、現地の実情(現地の地勢、習慣、人々の生活、ビジネスの仕方)を理解することが重要です。そして、インドの実情に合わせて、日本でのビジネスの方法をカスタマイズする必要があります。「郷に入っては郷に従え」の精神です。

(2) 適材適所

インドのホワイトカラー労働者は、通常それぞれの専門分野を有していますので、それを活かした適材適所の観点が必須となります。インドのように多くの人口を抱える国では、1人の人があらゆることをできる必要はなく、それぞれの人が専門分野を持ち、皆で協働すれば良いという考え方が支配的です。例えば法務の分野を見ても、インドでは弁護士の総数は約130万人ともいわれており[2](他方、日本の弁護士の総数は2024年9月1日現在、4万5,694人です)、取扱分野の専門化・細分化が進んでいます。したがって、それぞれの専門性を持った弁護士や法務人材を適所に起用し活用することが重要になってきます。弁護

士の本当の専門分野は外からは分かりづらいことも多いため、仮に大手の法律事務所に依頼した場合であっても、それだけで安心することはできません。その案件に合致した専門性を備えた弁護士が担当することになっているかを確認することが必要です。このような事情があるため、日本企業がインドで弁護士を選任する際には、インドにおける人的ネットワークを持ち、弁護士の業界内での評判を知り得る者（例えば、日本で活動するインド人弁護士）より助言を受けることが有益です。

(3) 現地調査

　インドは新興市場であり、ビジネス環境の点でも至る所に欠陥や障害があるため、徹底した現場レベルでの事前調査が重要です。多くの場合には事前調査は文書上での分析に限られがちですが、インドのような新興市場では全てが文書化されているわけではないため、文書上の分析のみでは正確な全体像を把握することはできないことも多いことに留意が必要です。そのため、ビジネスの根幹をなすような重要な事項については、可能な限り現地調査を実施し、現地の人々（近隣住民、以前又は現在の取引先や従業員など）から直接に聞き取り調査を行って、市場での評判に関する生の声を広く集めることが重要です。言葉の壁や習慣の違いから、このような事前調査は現地の適任者でなければ効果的に実施することはできません。調査の手順や手法も、日本のような先進国で通常採用されているものとは異なるところも多くあります。インドでは、このような調査を行う専門家が多く存在しており、その費用もリーズナブルな範囲

で収まることが一般的です。

⑷ 言　語

　言葉やコミュニケーションの点でも留意が必要な事項があります。日本企業がインドでビジネスを行う際は、ビジネス言語は基本的に英語になります。日本語を英語に、又は英語を日本語にするには翻訳・通訳が必要となりますが、翻訳・通訳はそれ自体が極めて高いスキルを要する業務です。時折、法務や税務のアドバイザーに対して業務の過程で翻訳・通訳業務を行うことを期待する方もいらっしゃいますが、法務や税務における助言業務と翻訳・通訳業務は異なるスキルを要する別物ですので、この点には注意が必要です。

　なお、今世紀に入って以降、インドで日本語教育の取組みが進みつつあります（[**図表 9 － 1**]［**図表 9 － 2**]）。インドの主要都市では日本語教育センターが設立されており、特にタミル・ナドゥ州などの南インドでは日本語教育が盛んになっています。2023年 3 月20日には、日本政府とインド政府の間で「インドにおける日本語教育分野に関する協力覚書」が締結されました。この覚書の締結により、日本とインドの両国政府および関係機関により、インドでの日本語教育の拡充に関する取組みがさらに推進されることが期待されます。現時点では、まだまだ日本語をりゅうちょうに話すインド人に出会うことはまれという状況ですが、今後インドで日本語教育が広まれば、日本とインドのビジネスにも好影響がもたらされるに違いありません。

[図表9−1] インドにおける日本語教育

日本語教育機関	日本語教師数	日本語学習者数	10万人に占める日本語学習者の割合
323	1,132人	36,015人（注）	3.0%

注：インドにおける日本語学習者数は世界で第11番目となっている。
出所：国際交流基金「海外の日本語教育の現状—2021年度海外日本語教育機関調査より—」（2023年3月）

[図表9−2] 日本語学習者数の推移

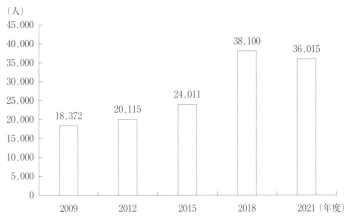

出所：国際交流基金「海外の日本語教育の現状—2021年度海外日本語教育機関調査より—」（2023年3月）

(5) 人間関係の構築

　インドでも日本と同じく、ビジネスの基本は人間関係にあるため、ビジネスにおける関係者との間であれ、自社の上司、同僚、部下との間であれ、良好な対人関係を築くことは成功への必須の条件となります。インドでの交渉の成否は、取引先を相

手にするのであれ、従業員を相手にするのであれ、相手方との間で良好な人間関係を育んでいたかによって大きく左右されます。社内での人間関係についていえば、一般にインド企業はトップダウン型の意思決定構造ではありますが、必ずしも厳格な上下関係があるわけではありません。部下が上司に対して自らの意見を言うことは大いに奨励されていますし、むしろ自らの意見を言わない部下については、主体性や知性がないと消極的な評価がなされる場合もあります。一定の節度を保ちながらも、人と積極的に関わり、一緒に食事をし、社会的な紐帯を築いていくことがビジネスで成功する基盤を生むと考えられます。

(6) 変化への柔軟な対応

　新興市場であるインドでは、いろいろなことが常に変化していることは、強調しても強調しすぎることはありません。当事務所では通常、インドでの1年は日本での4～5年に相当すると説明しています。そのくらいインドの発展のペースは速いわけですが、それはすなわち、ビジネスを取り巻く外的条件が急速に変化するということでもあります。このため、例えば数か月前に行ったビジネス判断が、現時点でもそのまま適切であるとは限らないかもしれません。前提としていた情報自体が数か月の間に変わっているということが往々にして起こり得ます。したがって、インドでビジネスをする上では、こうした絶えざる変化があることを理解し、それに柔軟に対応し、必要に応じて事業戦略自体を機動的に見直していくことが必要となりま

す。

　これまでインドで（あるいは、インドと）ビジネスをした経験がある読者の皆様の中には、交渉の中でビジネスパートナーの言うことや立場がころころと変わって苦労したという経験がある方も多くいらっしゃるかもしれません。もちろん、そのビジネスパートナーのパーソナリティによる部分もあるかもしれませんが、インドにおける外的条件の変化に適応していくための柔軟性の表れ、というケースも多いように思います。

　インドという極めて多様性に富んだ社会を１冊の短い書籍で記述し切ることは不可能です。本書が描き出したインドの姿は、法律事務所から見たものにとどまり、多様で多彩な顔を持つインドの一面を描いているにすぎません。そのような限界があることを認識しつつ、本書の執筆に当たってはできるだけインドの広さ、複雑さ、奥深さが伝わるように心掛けました。

　本書を通じて、読者の皆様がインドでのビジネスに興味を抱き、関心を広げるきっかけとしていただくことができましたら幸いです。

《注》
1　ナヴィ・ラジュほか『イノベーションは新興国に学べ！―カネをかけず、シンプルであるほど増大する破壊力』（原題"Jugaad Innovation - Think Frugal, Be Flexible, Generate Breakthrough Growth"）（日本経済新聞出版社、2022年）
2　インドでは、2011年まで国家が統一的に行う資格試験としての司法試験制度が存在せず、インドの大学の法学部を卒業すれば誰でも弁護士資格を取得できるという状況にありました。そのため、イ

ンドの弁護士数を正確に把握することは極めて困難です。また、そのような事情ゆえに「弁護士」の質も玉石混交であることには留意が必要です。

■ 著者略歴 ■

1 渥美坂井法律事務所・外国法共同事業

長年、世界の様々な国・地域とのクロスボーダー業務を手掛けてきた国際的な総合法律事務所であり、国際的な取引や海外進出、日本への投資等の分野において定評がある。ニューヨーク、ロンドン、フランクフルトに海外拠点を有し、国際業務経験が豊富な日本人弁護士に加えて、インドをはじめとする12の国・地域を原資格国とする外国人弁護士が所属している。インド・プラクティス・デスクは、日本人弁護士とインド人弁護士がチームを組み、インドに進出する日本企業に対して法務、税務、規制関連、労務その他のあらゆる法的サポートを提供している。現地の法律事務所等の専門家とも協働しながら、現地の実情と実務を踏まえ、当事者に寄り添った伴走型の助言を心掛けている。

Ashish Jejurkar（アシッシ・ジェジュルカール）

渥美坂井法律事務所・外国法共同事業　パートナー
インド事務弁護士（ソリシター）（ムンバイ）
外国法事務弁護士（インド法）（第二東京弁護士会）
インド・プラクティス・デスクのマネージャー

丹生谷　美穂（にうのや　みほ）

渥美坂井法律事務所・外国法共同事業　シニアパートナー
弁護士（東京弁護士会）
インド・プラクティス・チームのサブ・マネージャー

湊　健太郎（みなと　けんたろう）

渥美坂井法律事務所・外国法共同事業　パートナー
弁護士（東京弁護士会）
イングランドおよびウェールズ事務弁護士（ソリシター）
インド・プラクティス・チームのサブ・マネージャー
※渥美坂井法律事務所弁護士法人はイングランドおよびウェールズのソリシターズ・レギュレーション・オーソリティによる規制の適用を受けていない。

藤本　豪（ふじもと　ごう）

渥美坂井法律事務所・外国法共同事業　シニアパートナー
弁護士（第二東京弁護士会）
ニューヨーク州弁護士
カリフォルニア州弁護士（inactive）

Nicholas J. Casson（ニコラス・J・カッソン）

渥美坂井法律事務所・外国法共同事業　パートナー
イングランドおよびウェールズ事務弁護士（ソリシター）
外国法事務弁護士（連合王国法）（第一東京弁護士会）
※渥美坂井法律事務所弁護士法人はイングランドおよびウェールズのソリシターズ・レギュレーション・オーソリティによる規制の適用を受けていない。

船橋　桃子（ふなはし　ももこ）

渥美坂井法律事務所・外国法共同事業　アソシエイト
弁護士（東京弁護士会）

鈴木　陽一（すずき　よういち）

渥美坂井法律事務所・外国法共同事業　アソシエイト
弁護士（東京弁護士会）

藤井　貴大（ふじい　たかひろ）

渥美坂井法律事務所・外国法共同事業　アソシエイト
弁護士（第二東京弁護士会）

2　Dentons Link Legal

Santosh Pai（サントシュ・パイ）

Dentons Link Legal, India Partner
インドと英国において弁護士資格を有するほか、MBAと中国法の修士号を有する。世界各国での20年にわたる実務経験を活かし、中国や台湾をはじめ数か国語で自著を出版している。法律以外の取扱分野は、投資と貿易の流れ、異文化コミュニケーション、地政学など。シンクタンクでも勤務し、積極的に講演活動も行っている。

Anuj Trivedi（アヌジュ・トリヴェディ）

Dentons Link Legal, India Partner
Dentons Link Legalニューデリー・オフィスの一般企業法務部門に所属し、M&Aや規制を専門としている。

Ambuj Sonal（アンブジュ・ソナール）

Dentons Link Legal, India Partner
Dentons Link Legalのムンバイ・オフィスの企業法務チームに所属し、企業法務全般やM&Aを専門としている。

3　Thacker & Associates

Prashant Thacker（プラシャント・サッカー）

Thacker & Associates, India Partner, Chartered Accountant
インドの公認会計士であり、ムンバイに拠点を置く公認会計士事務所（タッカー&アソシエイツ）の創設パートナー。20年超にわたる大手会計事務所での勤務経験を活かし、税務や規制、コーポレートサービス全般における助言、M&Aアドバイザリー業務の提供を行う。

KINZAI バリュー叢書 L
インドビジネス第一歩

2024年11月14日　第1刷発行

著　者　渥美坂井法律事務所・
　　　　外国法共同事業
発行者　加　藤　一　浩

〒160-8519　東京都新宿区南元町19
発　行　所　一般社団法人 金融財政事情研究会
　　編 集 部　TEL 03(3355)1721　FAX 03(3355)3763
　　販売受付　TEL 03(3358)2891　FAX 03(3358)0037
　　　　　　　URL https://www.kinzai.jp/

DTP・校正:株式会社友人社／印刷:三松堂株式会社

・本書の内容の一部あるいは全部を無断で複写・複製・転訳載すること、および磁気または光記録媒体、コンピュータネットワーク上等へ入力することは、法律で認められた場合を除き、著作者および出版社の権利の侵害となります。
・落丁・乱丁本はお取替えいたします。定価はカバーに表示してあります。

ISBN978-4-322-14480-2

創刊の辞

　2011年3月、「KINZAI バリュー叢書」は創刊された。ワンテーマ・ワンブックスにこだわり、実務書より読みやすいが新書ほど軽くないをコンセプトに、現代をわかりやすく切り取り、かゆいところに手が届く、丁度いい「知識サイズ」に仕立てた。

　ニュース解説に留まらず物事を「深掘り」した結果、バリュー叢書は好評を博し、間もなく第一作の「矜持あるひとびと」から数えて刊行100冊を迎える。読者諸氏のご愛顧の賜物である。

　バリュー叢書に通底する理念は不易流行である。「金融」「経営」などのあらゆるジャンルに果敢に挑戦しながら、「不易」―変わらないもの―と「流行」―変わるもの―とをバランスよく世に問うことである。本叢書シリーズは決して色褪せない。それはすなわち、斯界の第一線実務家や研究者が現代を切り取り、コンパクトにまとめ、時代時代の先進的なテーマを鮮やかに一冊に落とし込んでいるからだ。次代に語り継ぐべき大切な「教養」や「斬新な視点」、「魅力溢れる人間力」が手本なき未来をさまようビジネスパーソンの羅針盤になっているものと確信している。

　2022年12月、新たに「Legal」を加え、12年振りに「バリュー叢書L」を創刊する。不易流行は変わらずに、いま気になることがすぐにわかる内容となっている。第一線実務家や研究者はもとより、立案担当者や制度設計に携わったプロ達も執筆陣に迎えている。

　新シリーズもまた、混迷の時代、先が見通せないと悩みながら「いま」を生き抜くビジネスパーソンの羅針盤であり続けたい。

加藤　一浩